Ravensburger Freizeit-Taschenbücher Band 16

Gertie Wandel

Schöne alte Stick-Ornamente

Die Sammlung klassischer Motive zum Nachsticken

Otto Maier Verlag Ravensburg

Die dänische Originalausgabe erschien unter dem Titel »Klassiske Korssting«.

Deutsche Übersetzung: Dr. Lars Scholl
Gesamtherstellung: Appl, Wemding
Printed in Germany

84 83 82 81 9 8 7 6 5

ISBN 3-473-43016-1

Inhalt

Vorwort

Das vorliegende Buch zeigt klassische Stick-Ornamente aus Dänemark – einem Land, in dem das Sticken eine gute und lange Tradition hat. Wenngleich in der folgenden Einleitung das Sticken aus dänischer Sicht erklärt, wenn hier auch viel über die dänische Tradition zu lesen ist: Die Muster, die den Hauptteil des Buches ausmachen, sind international verständlich und werden wohl auch hierzulande Anwendung finden. Für den ernsthaft interessierten Leser mag darüber hinaus nützlich und wichtig sein, zu lesen, mit welchen Erläuterungen der dänische Verlag dieses Buch begleitet hat: Viele Jahre hat der Wunsch nach praktischen Musterbüchern von sowohl klassischen als auch modernen Kreuzstichstickereien bestanden. Dieses Anliegen scheint auch ganz natürlich, wenn man das Ansehen bedenkt, das diese alte dänische Gebrauchskunst im Inland wie im Ausland genießt. Die große Aufgabe, der sich die Gesellschaft zur Förderung der Handarbeit (Håndarbejdets Fremme) angenommen hat, dient nicht nur der Erhaltung alter Muster, sondern auch der Reinhaltung der klassischen Muster sowie der Bereitstellung guter Vorlagen und geeigneter Garne zur Bewahrung alter Traditionen.
Wir schätzen uns glücklich, daß die langjährige Vorsitzende der Gesellschaft, Frau Gertie Wandel, die Bearbeitung dieses Bandes übernommen hat. Der Verlag hofft, daß das vorliegende Buch mit der größten Auswahl an klassischen Kreuzstichstickereien, die jemals in leicht zugänglicher Handbuchform veröffentlicht worden ist, auf Grund seiner Einführung und praktischen Anleitung einen neuen Leserkreis anspricht. Die Leser mögen sich nicht nur Anregungen für eigene Stickarbeiten holen, sondern sich auch an der freien und selbständigen Kombination von Mustern versuchen, so wie es auch frühere Generationen mit viel Freude und so großer Wirkung getan haben.

Stickerei als Kulturgeschichte

Obwohl der Kreuzstich in Dänemark keine sehr stark regional geprägten Eigenheiten aufweist, sind die Motive in diesem Buch nach einzelnen Landesteilen geordnet. Die Kreuzstichmuster stammen von Zierhandtüchern und Bettpfostenbehängen, die zwar nur wenig variieren, deren farbliche und motivmäßige Besonderheiten jedoch leicht zu erkennen sind. Lediglich auf der zu Kopenhagen gehörenden Insel Amager haben sich sowohl in der Farbe als auch in den Motiven eigenständige Traditionen der niederländischen Einwanderer erhalten.

Die farbigen Mustertücher

Die Motive der Mustertücher finden sich nicht nur in ganz Dänemark, sondern auch in anderen europäischen Ländern. Einige der Motive lassen sich bereits in schweizerischen, deutschen und englischen Stickhandbüchern des 17. und 18. Jahrhunderts nachweisen. Textilmotive sind äußerst langlebig, wie das Beispiel des Kruges mit Blumen aus einem deutschen Musterbuch von 1600 zeigt. Das Motiv begegnet einem auf dem Mustertuch aus Frederikssund wieder, das aus dem Jahre 1865 stammt.

Man kann davon ausgehen, daß die Mehrzahl der Mustertücher von jungen Mädchen gestickt worden sind. In einer Zeit, in der die Ausbildung der Mädchen hauptsächlich aus Nähen und Sticken bestand, wurden tausende von Mustertüchern angefertigt, die in der Schule entstanden und die den Erfolg der Unterweisung demonstrieren sollten. Sowohl in Dänemark als auch in anderen Ländern war es zeitweilig üblich, das Alter der Mädchen aufzusticken, woraus man Schlüsse auf die Art und Weise ziehen kann, in der die Stickereien ausgeführt worden sind.

In Dänemark gibt es diese Kreuzstich-Mustertücher etwa seit dem 18. Jahrhundert, während in England und Deutschland die ersten aus dem 17. Jahrhundert stammen. Obwohl sich keine Mustertücher aus der Zeit vor 1600 erhalten haben, zeigen die frühesten eine so große Einheitlichkeit, daß man eine weit zurückreichende Überlieferung der Motive annehmen muß. In der englischen Literatur des 16. und 17. Jahrhunderts werden häufig Mädchen geschildert, die an Mustertüchern (Samplers) arbeiten. Der englische Ausdruck hängt mit dem Wort Exempel zusammen und bedeutet soviel wie »Tuch mit Beispielen oder Vorbildern«. Was an Proben auf die Mustertücher gestickt war, übertrug man dann auf Hemden, Laken, Tischdecken oder Servietten. Die Buchstaben wurden auf die verschiedensten Weisen mit Kränzen oder Ornamenten umrahmt.

Borten und Grundmuster

Auf den älteren Mustertüchern befinden sich u. a. viele gemusterte Borten und Grundmuster, die zunächst für Tischdecken, Gardinen, Trachten und Stuhlbezüge, aber mit der Zeit auch als selbständige Motive verwendet wurden. Diese verselbständigten Motive wurden neben die Namen und die Jahreszahlen gesetzt. Viele der überlieferten Borten und Grundmuster finden sich in den Musterbüchern des Deutschen Johann Sibmacher, dessen Bücher – seit ca. 1600 vielfach verlegt – für die einheitliche Verbreitung in England, Deutschland und Skandinavien verantwortlich sind. Da diese Bücher für den Durchschnittsbürger unerschwinglich waren, bekamen die Mustertücher eine Vermittlerfunktion, die für Vorbilder in Häusern sorgten, in denen die teuren Musterbücher nicht vorlagen. Die ältesten Mustertücher in Dänemark sind wohl in den Städten und größeren Ortschaften entstanden, wo die Mädchen eine geregelte Ausbildung erhielten, um dann anschließend auch Verbreitung auf dem Lande zu finden. Die spätesten der unter der Landbevölkerung üblichen Mustertücher zeigen starke Vereinfachungen, die ihnen eine neue, künstlerische Eigenständigkeit verleihen. Bis ungefähr 1850 sind die Stilisierungen so ausgeprägt, daß sie den Stickereien, auf denen die Motive zu erkennen sind, eine besondere Wirkung verleihen.

Zierhandtücher und Bettpfostenbehänge

Wie wurden nun die Motive verarbeitet? Auf der Insel Seeland, auf der die dänische Volksstickkunst am weitesten verbreitet war, wurden die Motive bei Zierhandtüchern und Bettpfostenbehängen verwendet, die zu Festen und religiösen Feiertagen in den Stuben aufgehängt wurden. Sein Heim an Fest- und Feiertagen zu schmücken, indem man die Wände mit Textilien behängt, ist bereits in der Antike Brauch gewesen. Auf dem Forum Romanum in Rom kann man noch heute in den besser erhalten gebliebenen Tempeln nachgeahmte Vorhänge sehen, die an die Wände gemalt worden sind. Auf den Kalkmalereien in Kirchen sind ebenfalls gemalte Textilien, die Altarvorhänge darstellen sollen, zu sehen, an die jedoch zusätzlich Fransen und Aufhängevorrichtungen angemalt sind.

In den Sagas wird davon berichtet, daß die Häuser mit Wand- und Türvorhängen geschmückt wurden, um den Unterschied zwischen Fest- und Alltagen zu betonen. In seinem Buch »Das tägliche Leben in Nordeuropa« zitiert Troels Lunds viele Briefe vornehmer Damen aus dem 17. Jahrhundert, in denen sie andere Damen ihres Standes bitten, ihnen Seidenvorhänge und gewebte Bildteppiche zu leihen, wenn eine Hochzeit bevorstand, ein König sich zu Besuch angemeldet hatte oder wenn andere Festlichkeiten herannahten. Der König des Landes borgte bei seinen Untertanen, und man hat den Eindruck, daß Besitztümer, die wegen vieler Einfuhrbeschränkungen nicht allzu umfangreich waren, sehr weit herumgereicht werden mußten, um für den bestehenden Brauch, nach dem die Wände geschmückt werden sollten, auszureichen.

Diese Tradition wurde nicht mehr gepflegt, als man zu festen Tapeten überging. Zunächst verwendete man Goldleder, später bemalte Papiertapeten, die zu Beginn des 18. Jahrhunderts in Mode kamen. Unter der Landbevölkerung hat sich jedoch der Brauch bis über die Mitte des 19. Jahrhunderts gehalten. Das Bild Seite 56 zeigt eine Bauernstube mit einem Himmelbett, das auf traditionelle Weise geschmückt ist.

Zwar existieren keine Briefe aus dem 19. und 20. Jahrhundert, in denen die Landbevölkerung Nachbarn oder Verwandte bittet, Vorhänge leihen zu dürfen, doch wenn man die vielen Stickarbeiten betrachtet, die auf den großen Bauernhöfen vorhanden waren, muß man daraus schließen, daß die Stickereien für mehr als eine Gelegenheit gereicht haben. Ich habe auf einem Hof in der Nähe von Köge mehr als 60 Handtücher, Bettpfostenbehänge und Tischdecken der verschiedensten Art gesehen. Man kann sich leicht die Wirkung vorstellen, die ein mit schneeweißen Laken oder ein mit langen Türvorhängen geschmücktes Wohnzimmer auf den Betrachter hat.
Von alten Berichten weiß man, daß jeder freie Moment – jedenfalls auf Seeland – zum Sticken oder Weben genutzt wurde. Es war aber auch nötig, sich bei der Herstellung genügend Zeit zu lassen. Denn als erstes mußte der Flachs angepflanzt, danach geerntet und schließlich bearbeitet werden, um das beabsichtigte Stickmaterial abzugeben. Das Stickgarn mußte selbst gesponnen und gefärbt werden. Das Vergnügen muß groß gewesen sein und es muß eine echte Freude an der Herstellung so schöner Stickereien, die wir sowohl in Privathäusern als auch in Museen finden, geherrscht haben.

Die Erhaltung alter Stickereien

Håndarbejdets Fremme begann in den ersten Jahren nach seiner Gründung im Jahre 1928 mit der Sammlung alter Stickarbeiten in jeder einzelnen Region, in der eine Abteilung eingerichtet werden sollte. Heute besitzen wir eine ansehnliche Sammlung und viele Modelle aus diesen frühen Jahren. Die Vereinigung »Volkstümliche Stickerei« hat diese Arbeit zusammen mit den dänischen Haushaltsverbänden unternommen und im ganzen Land sind im Laufe der Zeit Stickereien aus Privatbesitz auf Ausstellungen gezeigt worden. Über die Museumsdirektorin Ellen Andersen, die sich an der Arbeit der Vereinigung seit der Gründung beteiligt hat, sind Verbindungen zum Nationalmuseum aufgenommen worden; daraufhin konnten alle wertvollen

Stickereien, die auf diesen Leihausstellungen gezeigt werden, photographiert werden. Auf diese Weise entsteht eine wirkliche Materialbasis als Grundlage für die Untersuchung volkstümlicher Textilien und man wird eine Kenntnis der Muster und Gebräuche gewinnen können, wie sie bisher noch nicht existiert hat.

Die roten und blauen Stickereien

Die schönsten Bettpfostenbehänge stammen aus der Gegend zwischen Hilleröd und Frederiksvärk und von Horns Herred. Es handelt sich dabei um rote und blaue Kreuzsticharbeiten, verbunden mit Weißstickerei und Doppeldurchbrucharbeit. Die Behänge sind so detailliert ausgearbeitet und dekoriert worden, daß die Herstellung jedes einzelnen sehr lange gedauert haben muß. Heute ist es sehr schwierig, die Bettpfostenbehänge paarweise zu finden. Denn es ist davon auszugehen, daß sie immer für jede Seite des Bettvorhanges gestickt worden sind. Die Bezeichnung »Zierhandtuch« wird häufig auch für Bettpfostenbehänge verwendet. Das Wort Handtuch muß nicht notwendigerweise mit der Vorstellung in Zusammenhang gebracht werden, daß man sich daran die Hände abtrocknet. Handtücher werden oft zusammen mit Tischdecken genannt, und nach Ellen Andersens Angaben sind sie auch zum Bedecken der Tische benutzt worden. Daneben wurden auch Kissenbezüge reichhaltig ausgeschmückt, wie auf Seite 56 zu sehen ist. Damals brachte man die Stickereien am unteren Ende des Bezuges an, damit die stark bestickte Unterseite des Kissens, wenn es auf dem Bett lag, in das Zimmer wies.

Hedebo und Skovbo

Die vielen blauen und roten Kreuzstichmotive, die wir aufgenommen haben, stammen so gut wie alle aus Nordseeland. In der Gegend von Hedebo finden sich überwiegend ganz weiße Stickarbeiten, bei denen lediglich der Name und die Jahreszahl in farbigem Kreuzstich zugefügt sind. Von einer alten Bauersfrau erfuhr ich, daß man früher die roten und blauen Kreuzstichstik-

kereien »Skovbostickereien« (Skov = Wald) nannte zur Kennzeichnung der Herkunft aus den waldreichen Gebieten Nordseelands. Dagegen hat man den Stickereien aus der waldarmen Gegend zwischen Kopenhagen und Roskilde den Namen »Hedebostickerei« (Hede = Heide) gegeben.
Der Wunsch, seine Wohnung auszuschmücken, muß groß gewesen sein. Die vielen verschiedenen größeren und kleineren Stickarbeiten sind nie gleich. Die Ideen dazu hat man sich von den Mustertüchern geholt. Die weibliche Freude an der schmuckvollen Ausgestaltung einer Tracht oder Wohnung hat in Skandinavien viele Jahrhunderte überdauert. Die Resultate dieser umfangreichen Bemühungen um die allerschönsten Textilien wurden mit großer Sorgfalt und Umsicht von den Nachkommen aufbewahrt.
Selbst wenn die Stickereien häufig gleich sind, so hat doch der persönliche Geschmack die Gruppierung der Motive bestimmt, was zu so vielartigen Kompositionen geführt hat. Gerade daß man so selten auf eine Wiederholung stößt, beweist, daß wir es mit einer schöpferischen Volkskunst zu tun haben, die vom Ehrgeiz eines jeden einzelnen geprägt ist, die Ausgestaltung mit einer eigenständigen Note zu versehen und dadurch die Arbeit unverwechselbar zu machen.

Fruchtbare Landesteile – vielfältigste Stickkunst

Nach Seeland – allerdings erheblich dahinter – kommt Fünen der Zahl der überlieferten Textilien nach. Eine Begründung dafür läßt sich nicht leicht geben. Man sagt, daß die fruchtbare Erde auf Seeland die Bauern wohlhabend gemacht habe. Die reichen Bauern hätten die Möglichkeit und die Zeit für die Anpflanzung von Flachs und zum Weben der Stoffe für die Stickereien gehabt. Das erklärt jedoch nicht, warum auf Fünen mit ebenfalls fruchtbarem Boden nur so wenige volkstümliche Stickarbeiten überliefert sind. Zierhandtücher, Hemden und Bettücher mit rotem und blauem Kreuzstich gibt es hauptsächlich auf den Inseln westlich von Fåborg.

Noch kleiner ist die Zahl der von Jütland überkommenen Stickereien. Es wird ganz deutlich: je weiter man nach Westen kommt, um so weniger Stickarbeiten lassen sich finden. Man hatte einerseits für die alltägliche Kleidung zu sorgen, andererseits scheint auch kein Flachs angebaut worden zu sein. Die Zeichen auf der Wäsche und den Hemden sind jedoch häufig sehr hübsch, und auf einem einzelnen Mustertuch sind sehr viele Umrahmungen für Namen aufgestickt, die nirgendwo auf Seeland bekannt sind.
Aus Nordjütland sind einige merkwürdig schmale Bettpfostenbehänge mit großem, offenem Kreuzstich überliefert. Sie sind zwar sehr dekorativ, eignen sich aber kaum zum Kopieren. Der Stoff ist ganz schmal gewebt und hat an beiden Seiten Webkanten.
In Südjütland gibt es sehr viele Mustertücher, aber nur wenige verzierte Bettpfostenbehänge, Kissenbezüge oder anderes Bettzeug. Man vermutet, daß es damit zusammenhängt, daß die Landbevölkerung immer frei gewesen ist und deshalb viel mehr Textilien kaufen konnte als die lange Zeit in Abhängigkeit lebenden Bauern im übrigen Dänemark. Erst in der Gegend nördlich von Altona finden sich auf den Mustertüchern Verzierungen von ganz besonderem Gepräge, die jedoch so fremdartig sind, daß man sie einem anderen Kulturkreis zurechnen muß. Die überwiegende Mehrzahl der bis etwa 1850 im ganzen Land entstandenen Mustertücher sind mit einem Seidenfaden und in der Regel auf einem weitgewebten Leinen gestickt worden. Von ca. 1800 an haben jedoch viele dänische Mustertücher einen dünnen Wollstoff zur Grundlage, der eigens für diesen Zweck gewebt wurde und rundherum eine sehr schmale farbige Borte hat. Es ist bedauerlich, daß man zu Wollstoff übergegangen ist, denn viele schöne Mustertücher sind von Motten fast völlig zerfressen worden, während die Mustertücher auf Leinen unversehrt geblieben sind.

Beschreibung der Stickereien

Die Stickereien von Seeland
Auf Seite 26/27 sieht man ein Schiff mit zwei Menschen an Bord. Das Schiff, bei dem es sich nach älteren Berichten um die Arche Noah handeln soll, hat keine Segel gesetzt. Es gab im übrigen so viele religiöse Motive, daß es nicht verwundert, wenn sich der Bauernstand, der ein streng traditionsgebundenes Leben führte, bei den Stickarbeiten an die vielen bekannten Symbole hielt.
Der Brauch, sein Heim an Fest- und Feiertagen mit gestickten Behängen zu schmücken, ist alt und auch in den ärmsten Häusern üblich gewesen. Man nimmt an, daß es sich bei dem abgebildeten Hirschen um den dürstenden Hirschen handelt, von dem es im 42. Psalm des Salomo heißt: »Wie ein Hirsch nach frischem Wasser lechzt, so lechzt meine Seele, Gott, nach dir«.
Der Hund symbolisiert Treue, und das Kreuz mit einer Art Blumendekoration ist als Bibelmotiv auf den meisten Mustertüchern zu finden. Beispiele für Zahlenreihen und Alphabete sind auf den Seiten 202 bis 226 abgedruckt.
Der Kranz mit dem Stern in der Mitte auf Seite 28/29 ist ungewöhnlich. In der älteren Forschung hat man geglaubt, daß der Kranz ein Siegessymbol sei und nichts mit den Kränzen gemein habe, die auf Gräbern niedergelegt werden. Ich persönlich meine jedoch, daß der Kranz so viele lustige und hübsche Ausformungen haben kann, daß man ihn ruhig von einem rein dekorativen Gesichtspunkt aus betrachten sollte als von dem Wunsch bestimmt, dem Buchstaben einen Rahmen zu geben.
Das Hundemotiv taucht wieder auf, und man wundert sich, daß es mit wenigen Stichen möglich ist bei einer so kleinen Figur ein laufendes, stehendes, fröhliches oder ganz ruhiges Tier zu schaffen.
Der Vogelbaum – so wird die Komposition am unteren Bildrand häufig genannt – ist recht kompliziert. Es hat immer der Wunsch

bestanden, fast alle Bäume mit Vögeln zu schmücken, was bis zur Übertreibung geführt hat.
Die beiden Frauen unten auf Seite 30/31 haben große Vorfahren. Obwohl dieses Motiv Anfang des 19. Jahrhunderts gestickt worden ist, haben die Frauen den großen Rock behalten, den die Damen Jahrhunderte früher in der Zeit der Renaissance und des Rokoko getragen haben. Sie stützen ihre Hände in der Taille ab, was darauf schließen läßt, daß sie entweder getanzt haben oder sehr entschlossen sind.
Die beiden Hähne darüber sind recht selten, weil sie ganz naturalistisch mit schnittigen Schwanzfedern versehen sind, obwohl sie nur sehr klein sind.
Man sollte hier, wie auch sonst sehr häufig, auf die ganz kleinen Vierecke und Sterne achten, die den Untergrund ausfüllen und den Motiven einen Zusammenhang verleihen. Im oberen Teil sehen wir drei stark stilisierte Blumen oder Bäume, die aus einer Grasnarbe oder aus dem Waldboden wachsen. Der auf Seite 32/33 abgebildete Pfau ist eines der beliebtesten Motive seit der Renaissance. Es ist mir bisher noch nicht gelungen einen Pfau zu entdecken, der denen völlig gleicht, die in den alten Musterbüchern zu sehen sind, deren Motive langlebig genug waren, um auf den Bettpfostenbehängen des 19. Jahrhunderts wiederzukehren. Als Symbol für die Ewigkeit und Unsterblichkeit ist der Pfau eines der ältesten christlichen Motive. An den Altarvorhängen ist der Pfau häufig aufgemalt und auch auf den Stickarbeiten des 17. und 18. Jahrhunderts taucht er immer wieder auf.
Die Motive Seite 34/35 stammen von einem Kissenbezug aus der Gegend von Frederiksvärk. Im Mittelpunkt liegt ein Löwe mit seiner ganzen Stärke. Ob er nun Mut und Kraft symbolisiert, wie häufig gemeint wird, und ob seine weite Verbreitung auch wirklich auf diese Eigenschaften zurückgeht, ist schwer zu sagen. Er ist jedoch sehr dekorativ, vielleicht mehr als irgendein anderes Tier.
Obwohl das Löwenmotiv in Sibmachers Musterbuch von 1603 in mehreren Versionen erscheint, meint man, daß die Löwen bis zu

den italienischen und persischen Seidenstoffen zurückzuverfolgen sind. Im Museum von Frederiksvärk sind mehrere Kissenbezüge ausgestellt, auf denen nur Löwen über den ganzen Bezug gestickt worden sind. Ich vermute, daß die Bezüge aus mehreren Kissenborten zusammengefügt wurden und daß man damit rechnen muß, daß die Borten ursprünglich in traditioneller Weise in die Unterkanten der Bezüge eingestickt wurden, so daß man sie von der Stube aus sehen konnte, wenn die Kissen bei offenem Vorhang in der Mitte des Bettes übereinanderlagen.

Stickereien von den fünischen Inseln

Die Motive Seite 36/37 sind auf der Insel Lyö westlich von Fåborg entstanden. Man weiß, daß auf den Inseln bei Festlichkeiten Bettücher in der Stube aufgehängt wurden, die die Wände ganz weiß erscheinen ließen und die bei der geringen Beleuchtung eine ganz besondere Wirkung gehabt haben müssen. Die lustigen und eigenständigen Motive auf den Bettüchern wurden bis über die Mitte des letzten Jahrhunderts hinaus verwendet. Neben einzelnen Buchstaben mit Kronen darüber stehen vollständige gotische Alphabete.

Stickereien von Lolland

Aus Maribo kommt das Motiv auf Seite 38/39. Es zeigt deutlich den Wunsch, die Baumspitzen mit Vögeln zu besetzen. Die Bäume sind schlanker als sonst und hier ist nur ein blauer Faden benutzt worden. Nach unserer Erfahrung ist der rote Faden erst nach 1800 verwendet worden. Von älteren Bettpfostenbehängen kennt man fast ausschließlich blaue Kreuzstichdekorationen. Dieser Behang entstand nach 1800.

Mustertücher

Die folgenden Stickereien auf den Seiten 40 bis 51 haben ihre Motive den Mustertüchern entlehnt. Die Mehrzahl der hier gezeigten Motive stammt aus der Sammlung der Håndarbejdets Fremme, des Kunstindustrie- oder des Nationalmuseums. Adam und Eva auf Seite 40/41 stehen neben dem Baum des Lebens, der Mittelpunkt unzähliger Mustertücher ist. Man fragt sich, wie die dänische Landbevölkerung immer neue Versionen von Adam, Eva und der Schlange erfinden konnte. Eva hat prachtvolle Zöpfe; die Äpfel des Baumes sind ungewöhnlich groß. Die Schlange hat sogar Schwierigkeiten, einen erheblich kleineren Apfel herunterzuwürgen. Adam steht unschlüssig mit seinem Apfel in der Hand. Bildbogen und Holzschnitzereien haben wohl zum Teil Vorbilder abgegeben, doch das Bedürfnis, der Stickarbeit eine persönliche Note zu verleihen, ist immer gegenwärtig. Man beachte nur den kleinen Vogel, den die Schöpferin des Tuches unbedingt noch im Baum unterbringen wollte.

Die Bäume auf den folgenden Seiten sind sehr phantasievoll. Der Baum Seite 42/43, mit den großen herunterhängenden Blumen, wird Glockenbaum genannt; man muß zugeben, daß die Blumen mit der Zeit tatsächlich eine Glockenform bekommen haben. Die Vögel haben den größten Teil des Baumes erobert, und die Farbenwahl ist so lebendig und abwechslungsreich, daß eine ungewöhnlich vergnügliche Stimmung entsteht.

Der Baum Seite 44/45 hat als Blumen achteckige Sterne. Hier haben die Hähne den Baum besetzt. Man wundert sich erneut, wie ungezwungen die Schöpferin dieser Stickarbeit die Motive zusammengestellt hat, obwohl sie sich streng an das Schema gehalten hat, nach dem die Bäume in den meisten Fällen aus Blumentöpfen herauskommen. Sie hat auch darauf geachtet, daß die Blumen ganz symmetrisch hängen und dieses Motiv damit den gewünschten Mittelpunkt des Mustertuches darstellen kann.

Obwohl die Bäume auf Seite 46/47 sehr klein sind und die Blumen nur aus einem Stich bestehen, haben die Vögel dennoch ihren Platz auf den Spitzen der Bäume eingenommen, die hier, was sonst selten ist, aus grünem Gras herauswachsen. Der kleine Kranz unter den Vogelbäumen hat die recht ungewöhnliche Herzform. Vermutlich ist diese mit so viel Liebe gestickte Arbeit für die Verzierung eines Brautgeschenkes oder Brautkleides gedacht gewesen.

Auf Seite 48/49 finden wir wieder die gleichen Motive: einen Kranz um den Namen, den Pfau, den Hund und die Krone, jedoch alles in völlig neuer Ausführung. Die kleine naturalistische Mühle ist dabei ein ungewöhnliches Motiv.
Der Blumentopf Seite 50/51 hat eine sehr vornehme Form. Dem Korb mit Äpfeln in der Mitte begegnet man auf vielen Mustertüchern. Er soll Fruchtbarkeit symbolisieren. Wieder verblüffen der Einfallsreichtum, die Größe der Äpfel, ihre Anordnung, ihre gelegentliche Verzierung mit Blättern und die Dekoration mit einer Blume an jeder Seite des Korbes.
Die zwei Vögel, die sich am unteren Rand der Stickarbeit, die hier wie ein Mustertuch wirkt, gegenüberstehen, kennt man bereits von den persischen Webarbeiten. Sie sind ein schönes Beispiel für die Vereinfachung, die für die volkstümliche Stickkunst typisch ist. Hier ist nicht mehr viel übriggeblieben von den geschwungenen Formen der prachtvollen Renaissancestickereien, die Menschen und Tiere zum Thema haben. Die umfassende Vereinfachung hat allen Stickereien den ihnen eigentümlichen Charakter verliehen. Daß die Vereinfachung zur Erleichterung der Stickarbeit vorgenommen wurde, unterliegt keinem Zweifel. Dennoch muß man sich darüber wundern, daß die Stickarbeiten trotzdem so hübsch geworden sind. Die Traditionen waren noch stark genug, und über Generationen hinweg hat so manche Mutter die Muster an ihre Tochter weitergegeben. Leider haben die besten dieser Traditionsstränge nur bis zur Mitte des letzten Jahrhunderts gehalten. Nach 1850 wurden die Motive – in der Regel nach naturalistischen deutschen Vorbildern – mit Wollgarn auf Stramin gestickt, was den Verfall der volkstümlichen Stickkunst beschleunigte.

Stickereien von der Insel Amager

Die Motive auf den Seiten 52/53 und 54/55 stammen von Amager. Selbst diejenigen, die die Stickereien von dieser Insel vorher nicht kannten, werden sogleich merken, daß es sich um eine ganz andere Welt von Mustern und Motiven handelt, daß hier andere

Traditionen zugrunde liegen als dem klassischen dänischen Kreuzstich. Bisher haben wir bei der Beschreibung der anderen Kreuzstichmotive nichts weiter zu der Lebensart der Bevölkerung gesagt. Bei den Stickarbeiten von Amager ist es jedoch notwendig, auf die Lebensweise der Menschen, von denen und für die diese Stickereien gemacht worden sind, einzugehen. Bereits die Wahl der Farben ist anders. Alle hier gezeigten Motive auf den Seiten 52 bis 55 und 57 bis 65 stammen von Taschentüchern, Lätzchen, Kissenbezügen, Geldbörsen u. a. Sie wurden fast immer mit schwarzem Seidengarn gestickt, das sich durch den Gebrauch in der Regel braun verfärbt hat. Ich habe für dieses Buch Motive gewählt, die mit Baumwollgarn auf einem viel gröberen Stoff als die Originale gestickt worden sind. Auf diese Weise können die Motive auch heute noch benutzt werden.

Die Besonderheit des Kreuzstichs auf Amager hängt mit der Einwanderung holländischer Gärtner in den Jahren 1513 bis 1523 zusammen, die nach dem Willen König Christians II. von Amager aus die Bevölkerung Kopenhagens mit Gemüse versorgen sollten. Die Niederländer bewahrten fast 300 Jahre lang ihre Bräuche und Lebensweisen in ihrer neuen Heimat. Sie lebten als freie Bauern, vererbten ihre Höfe innerhalb der Familie, heirateten untereinander und hielten mit unglaublicher Treue und Anhänglichkeit an ihrer Sprache, ihren Trachten und Bräuchen fest. Mit der Zeit breitete sich ihr Einfluß über ganz Amager aus; auch über die sogenannten dänischen Orte der Insel. Selbst wenn heute die Trachten verschwunden sind und sich nur noch in Museums- oder Privatbesitz alteingesessener Familien befinden, können sich viele meines Alters noch an die Amagerfrauen erinnern, die mit Hauben und blauen Schürzen bekleidet Waren zum Markte brachten und leicht von anderen Marktfrauen zu unterscheiden waren.

Man unterscheidet weiße und farbige Stickereien von Amager; Stickereien, die auf Leinen gestickt sind, und farbige Stickereien auf Wolle oder Seide. Bereits auf holländischen Bildern des 16. Jahrhunderts ist diese Art der Stickerei, die aller Wahrscheinlich-

keit nach noch älter ist, dargestellt. Schwarze Stickerei auf weißem Grund ist auf den holländischen Volkstrachten zu sehen, die auf den Bildern im Freilichtmuseum in Arnheim dargestellt sind. Weder in Holland noch auf Amager ist schwarze Stickerei auf weißem Grund ein Zeichen für Trauer.
Das Leinen, auf dem die Frauen auf Amager stickten, war so fein, daß es eine Kopie der Muster in ihrer ursprünglichen Form praktisch verhinderte. Für die großen Formen im schwarzen Kreuzstich verwendet man immer den unregelmäßigen Kreuzstich, während für die kleineren Motive der normale Kreuzstich benutzt wird. Man stickte zuerst die großen Motive und fügte danach die kleineren ein bis hin zu einzelnen Kreuzstichen, die eingesetzt wurden, um die Flächen auszufüllen und um die beabsichtigte Wirkung zu erzielen. Die Mehrzahl dieser schwarzen Kreuzstichstickereien waren von anderen sehr feinen Stickereien umgeben oder saßen als Einzelmotive inmitten großer, breiter und prachtvoller offener Weißstickereien.
Die ältesten Stickereien sind stärker ausgefüllt als die jüngeren. Vergleicht man die Abbildung Seite 52 mit der auf Seite 64/65, so fällt die völlig unterschiedliche Wirkung ins Auge. Die letztgenannte Stickerei erinnert sehr an die Mustertücher, wenn auch bei der Herstellung niemand daran gedacht hat. Aus der Vielzahl der Motive läßt sich leicht eine beschränkte Auswahl für eine eigene Komposition vornehmen. Entweder entscheidet man sich für die großen dekorativen Elemente oder man konzentriert sich auf die kleinen lustigen Bauernmotive oder auf die Weihnachtsstickereien mit den Sternen in allen möglichen Größen. Auf der gegenüberliegenden Seite zeigen wir eine Zusammenstellung von vier Motiven, die deutlich macht, welch große Wirkung zu erzielen ist.
Die Abbildung Seite 52/53 gehört zu den älteren Mustern. Man sieht einen gekrönten Löwen, einen Papageien und zwei Meerjungfrauen mit Blumenbouquets in den Händen, einen Hirschen und einen kleinen laufenden Hund. Keines der Motive ist durch offengelassene Rauten oder kleine nicht ausgefüllte Kreuzstiche

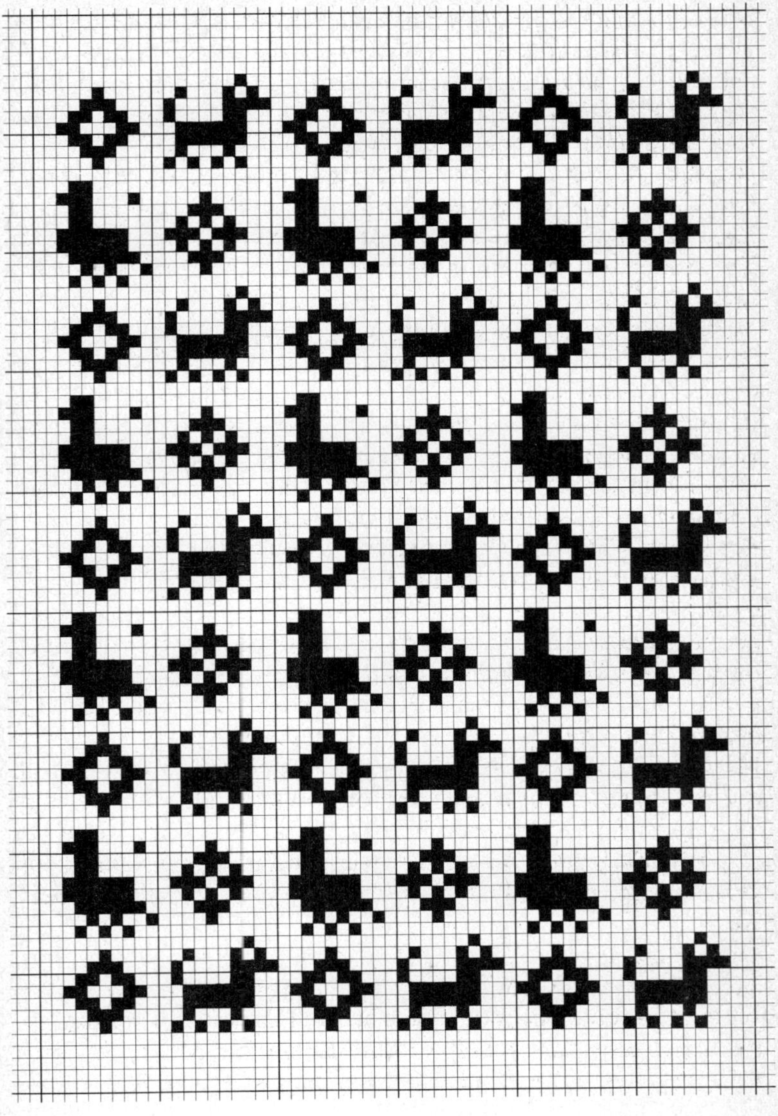

gekennzeichnet, wie es auf den jüngeren Arbeiten üblich ist. Der Löwe hat lediglich drei kleine fächerähnliche Verzierungen, während sich sonst die gestickte Fläche dunkel und eindringlich gegen den weißen Untergrund abhebt.
Der kleine naturalistische Hund ist eines der Lieblingsmotive gewesen. Die Meerjungfrauen sind um einen Lebensbaum gruppiert. Um diese Komposition hat die Stickerin eine Vielzahl kleiner Elemente gerankt, um dem Ganzen einen Zusammenhalt zu geben. Jedes dieser Randstücke macht den Eindruck eines Probestückes. Es besteht kein Zweifel, daß man sie verlängern und zu einer geschlossenen Borte für eine größere Stickarbeit zusammenfügen kann.
Hier sieht man deutlich, was einzelne Kreuzstiche ausmachen. Unter der einen Meerjungfrau sind drei Einzelstiche plaziert worden, um die Fläche harmonischer zu gestalten. Im übrigen sind vier oder fünf Stiche, zu kleinen Quadraten oder Rosetten zusammengestellt, über die ganze Fläche verteilt.
Die große Truthenne Seite 54/55 hat wohl aus Platzmangel keinen Schwanz bekommen. Über der Pute sehen Sie ein fliegendes Huhn, unten in der Borte sitzt ein kleiner Vogel; außerdem Tulpen und viele Sterne, die eine neue Variante des achteckigen Sternes darstellen. Der Rest ist mit mehreren Vögeln, Blumen, kleinen Vierecken und vielen Einzelstichen ausgefüllt.

Kopie eines Stickmustertuchs (das Original stammt, wie am unteren Rand nachzulesen ist, aus dem Jahr 1803). Dieses Beispiel ist besonders gut gelungen; es zeigt, wie harmonisch viele verschiedene Motive zusammengefügt werden können.

1818

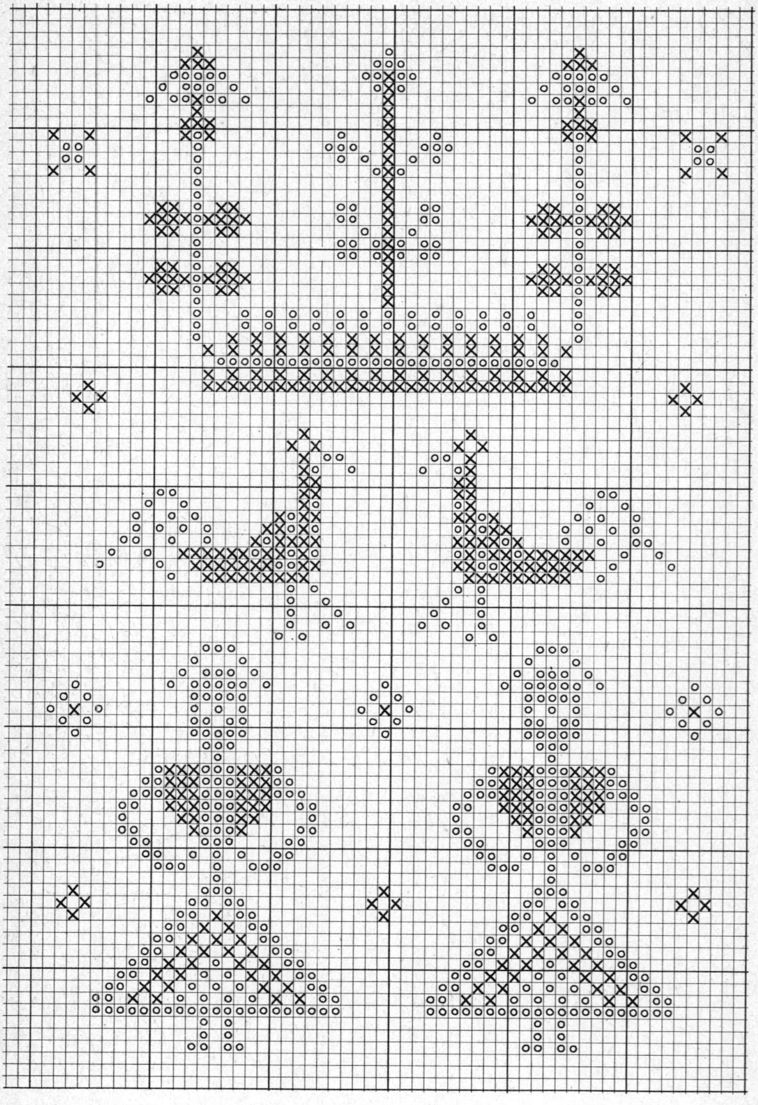

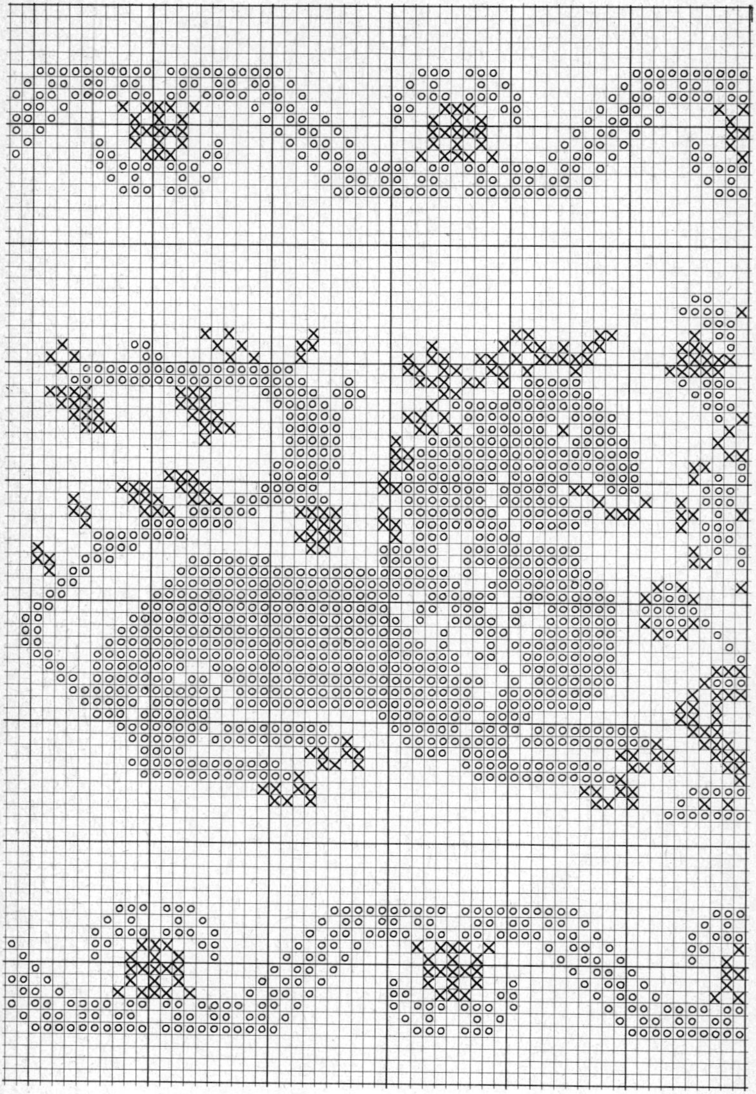

KID
SMD

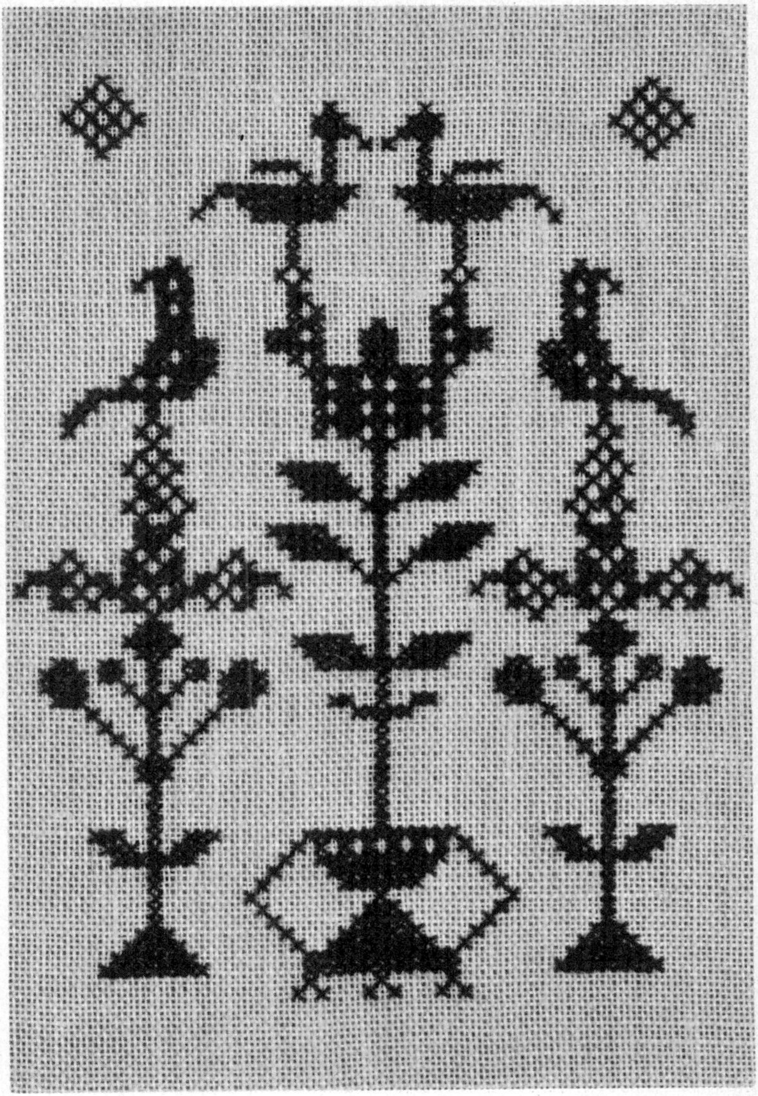

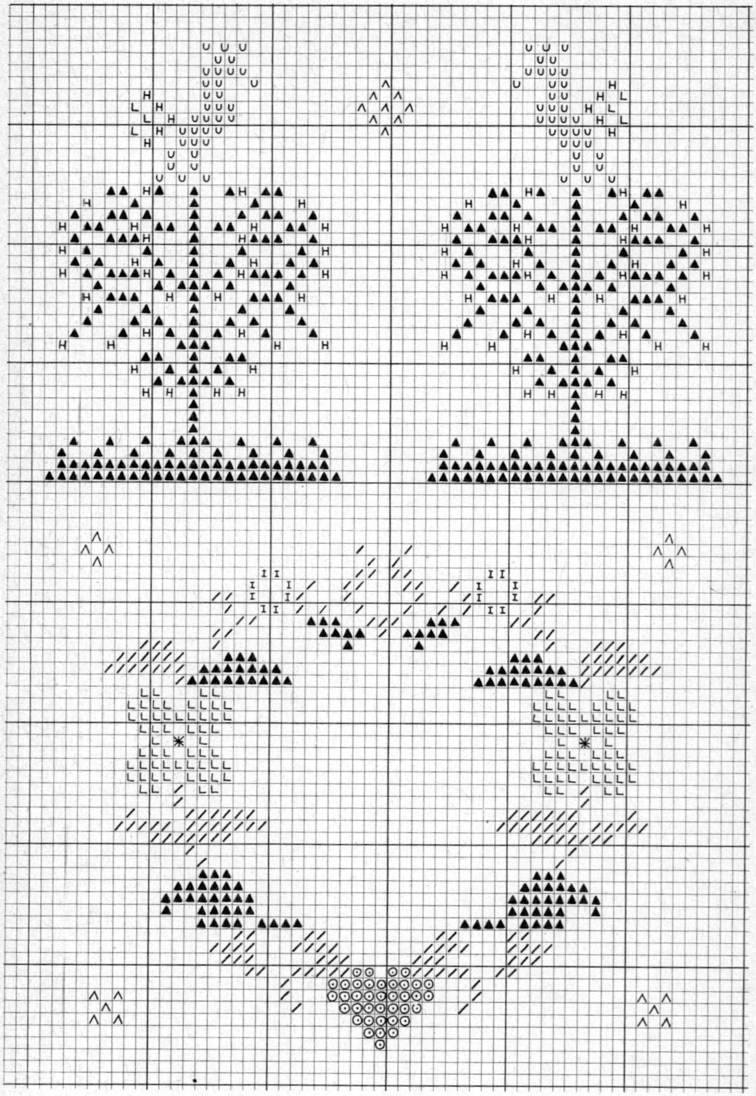

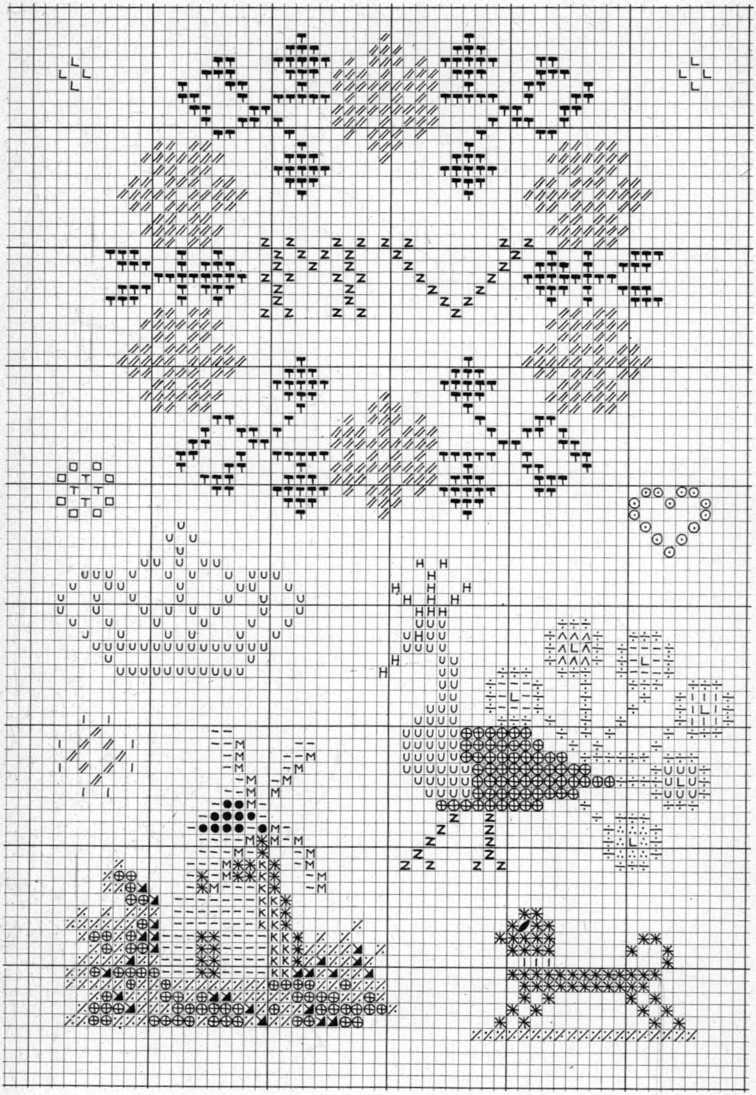

MV

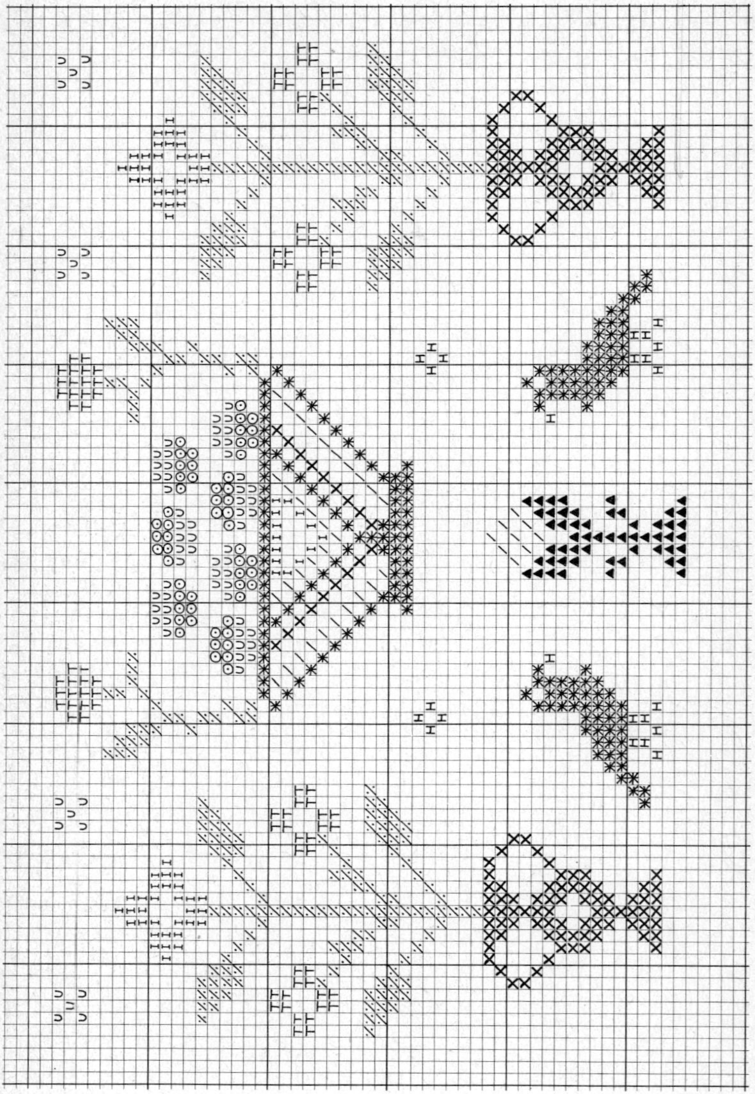

Dänische Bauernstube mit gestickten Kissen und Bettpfostenbehängen – zu sehen im Nationalmuseum, Kopenhagen

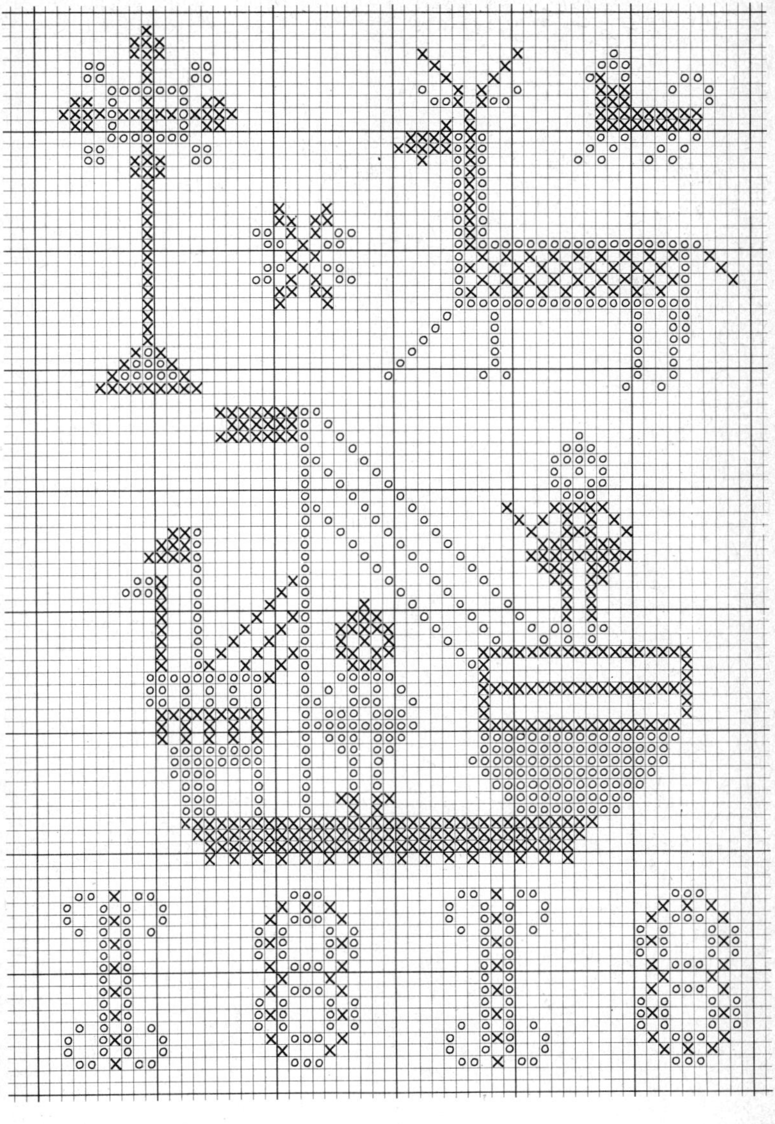

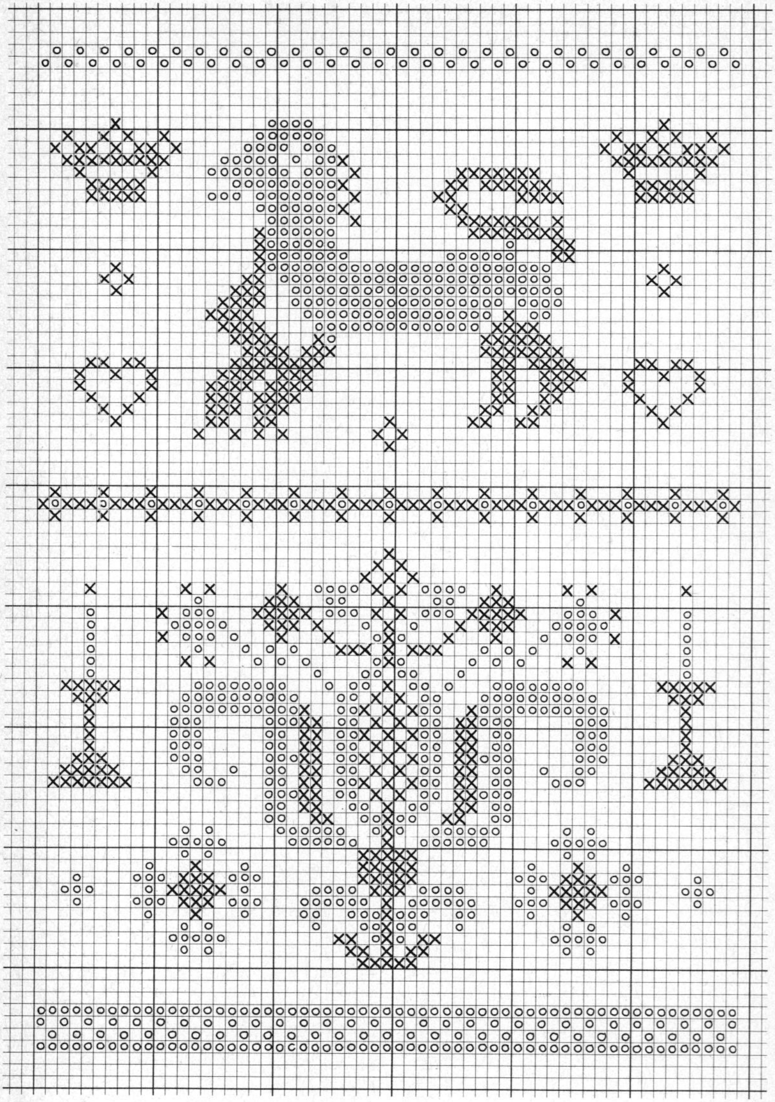

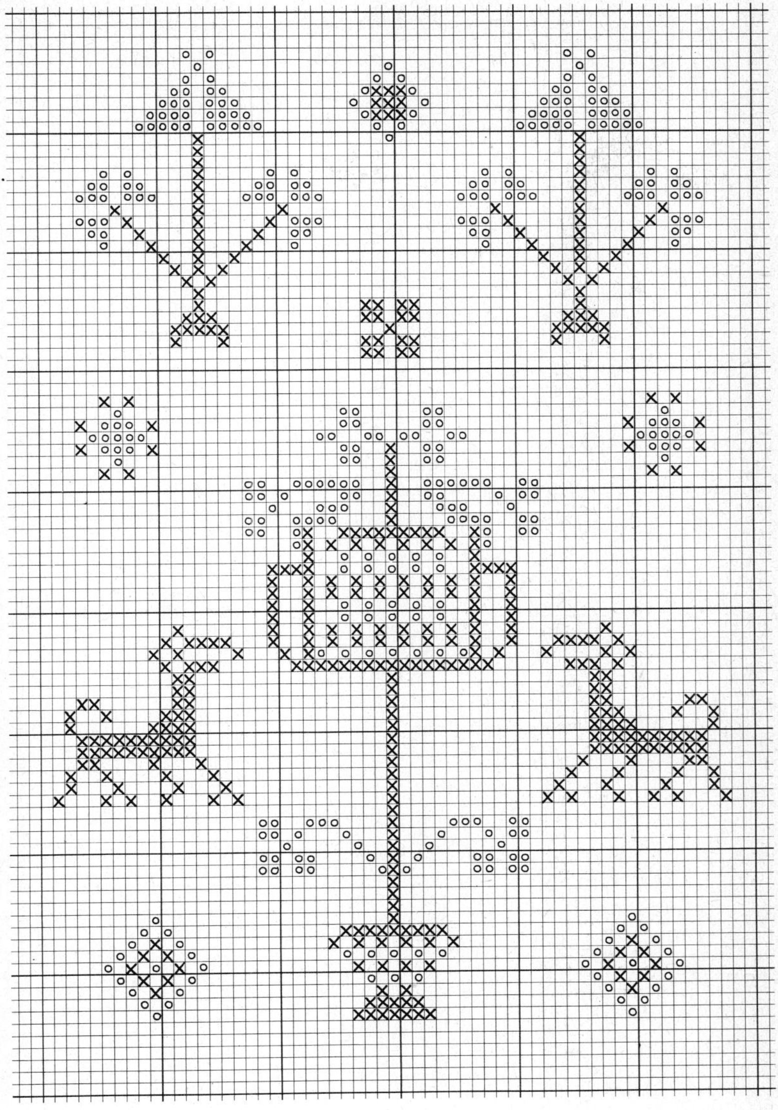

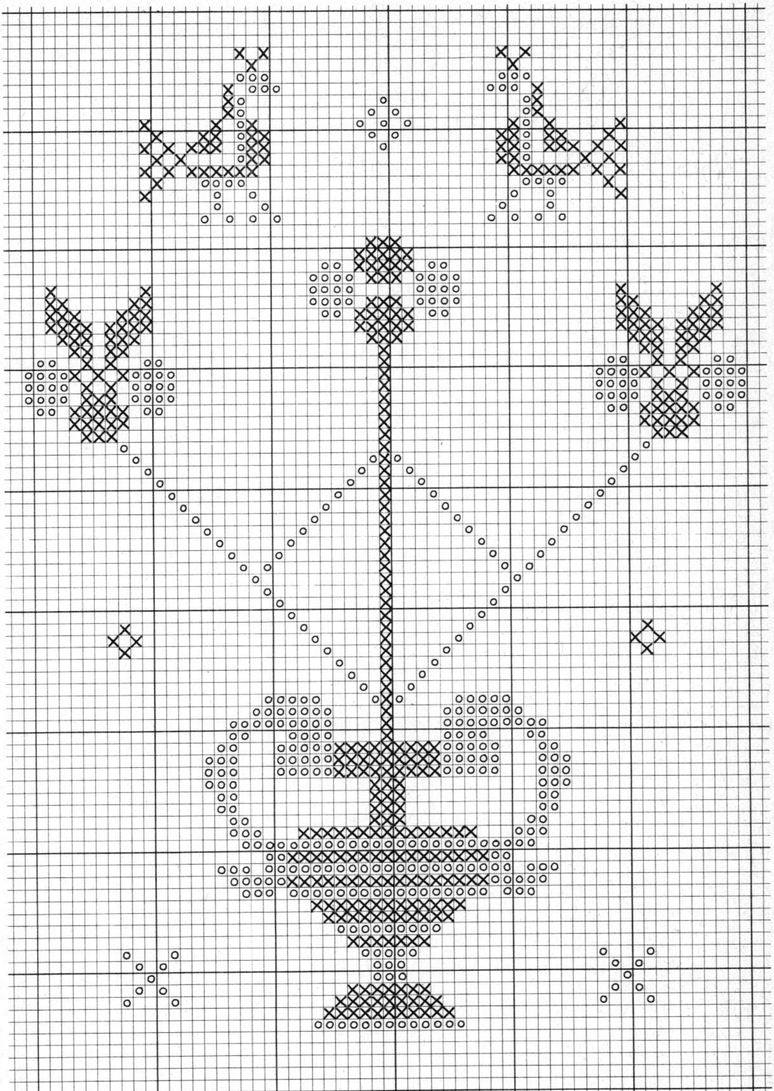

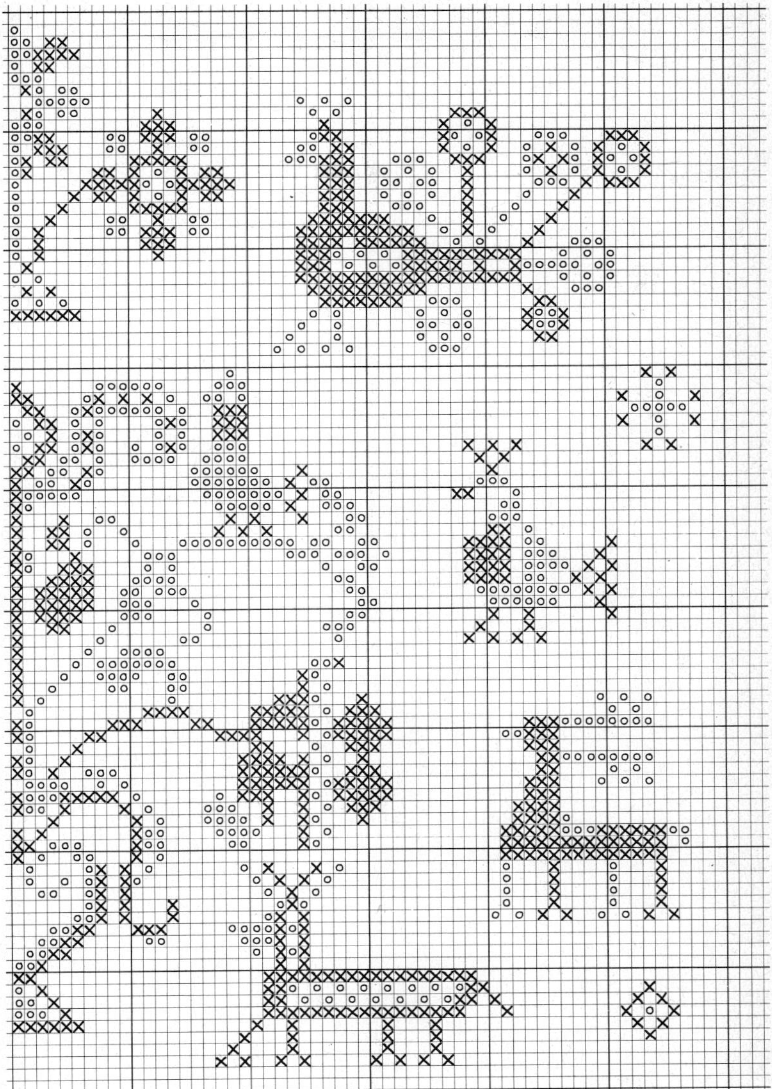

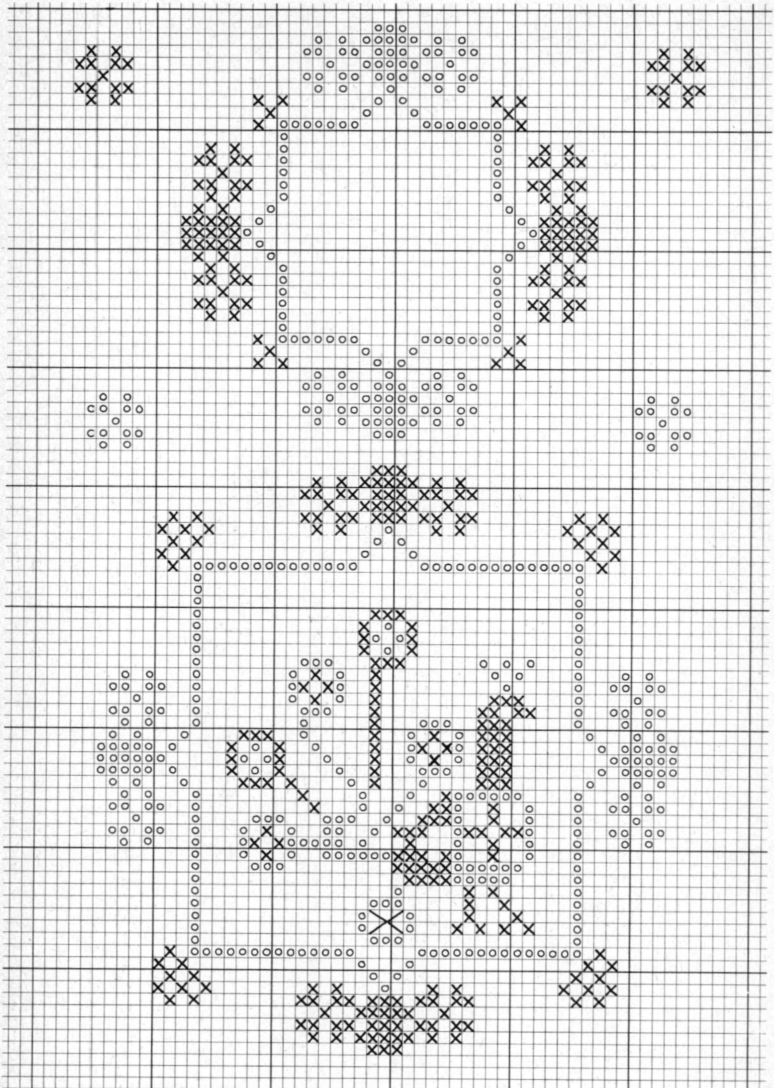

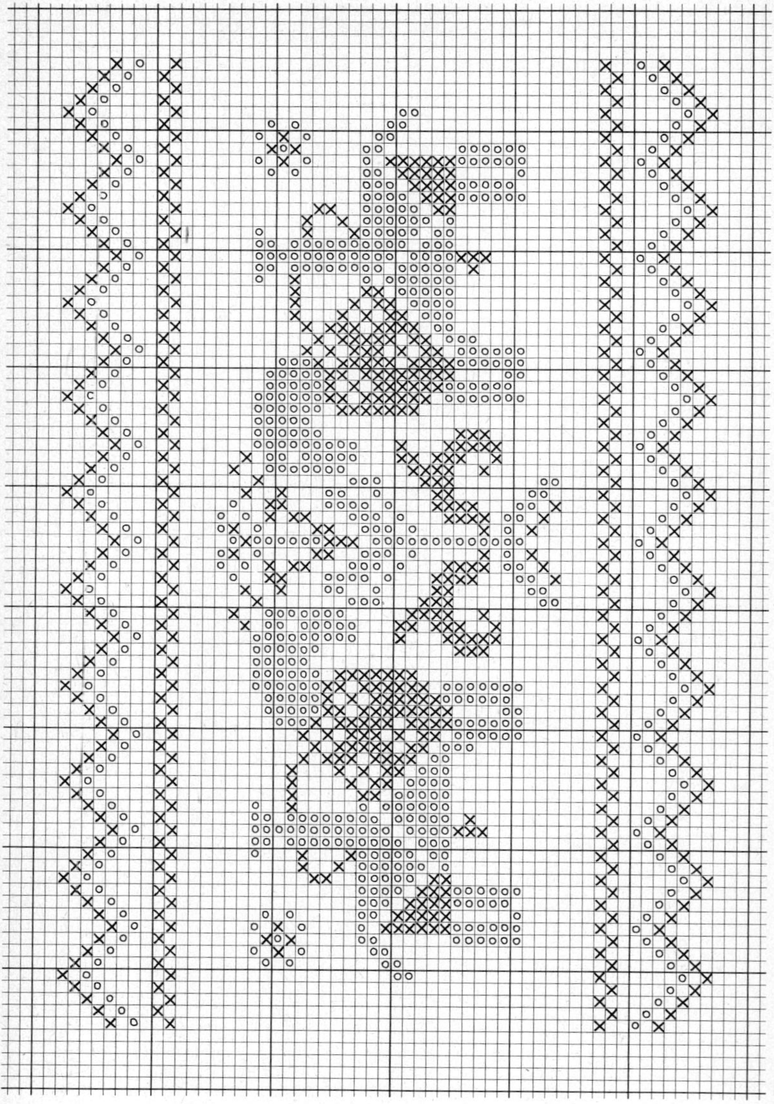

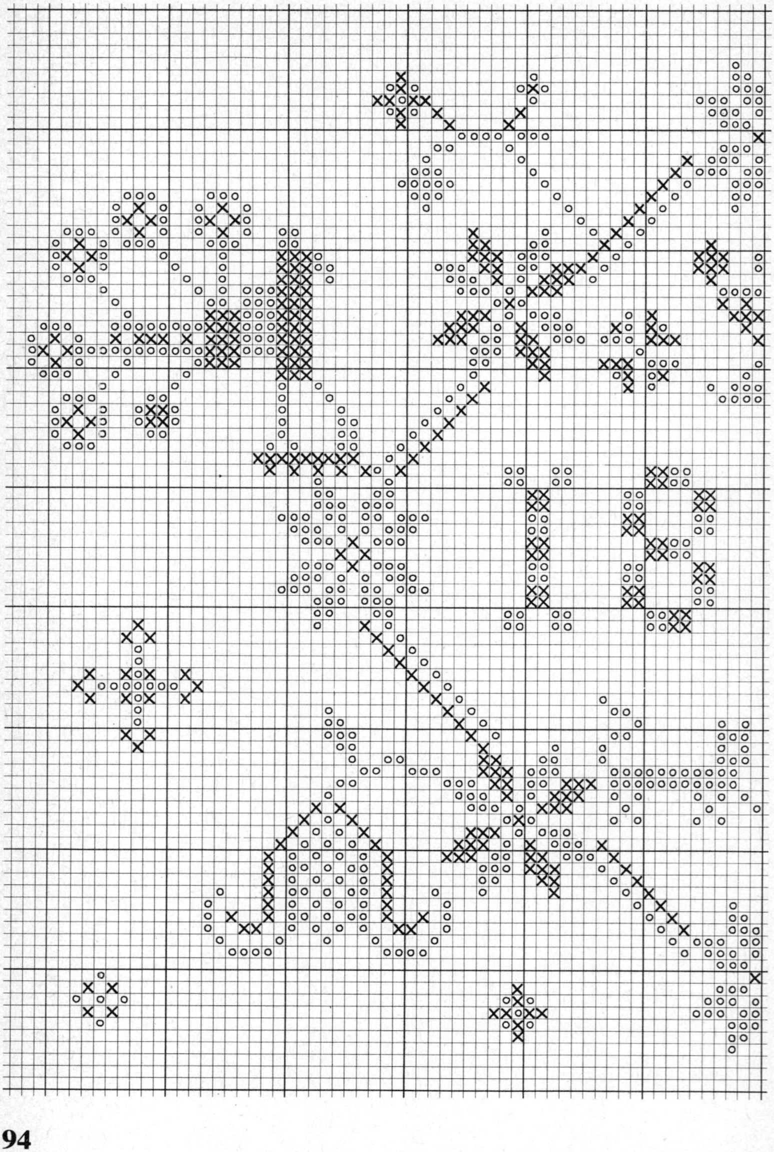

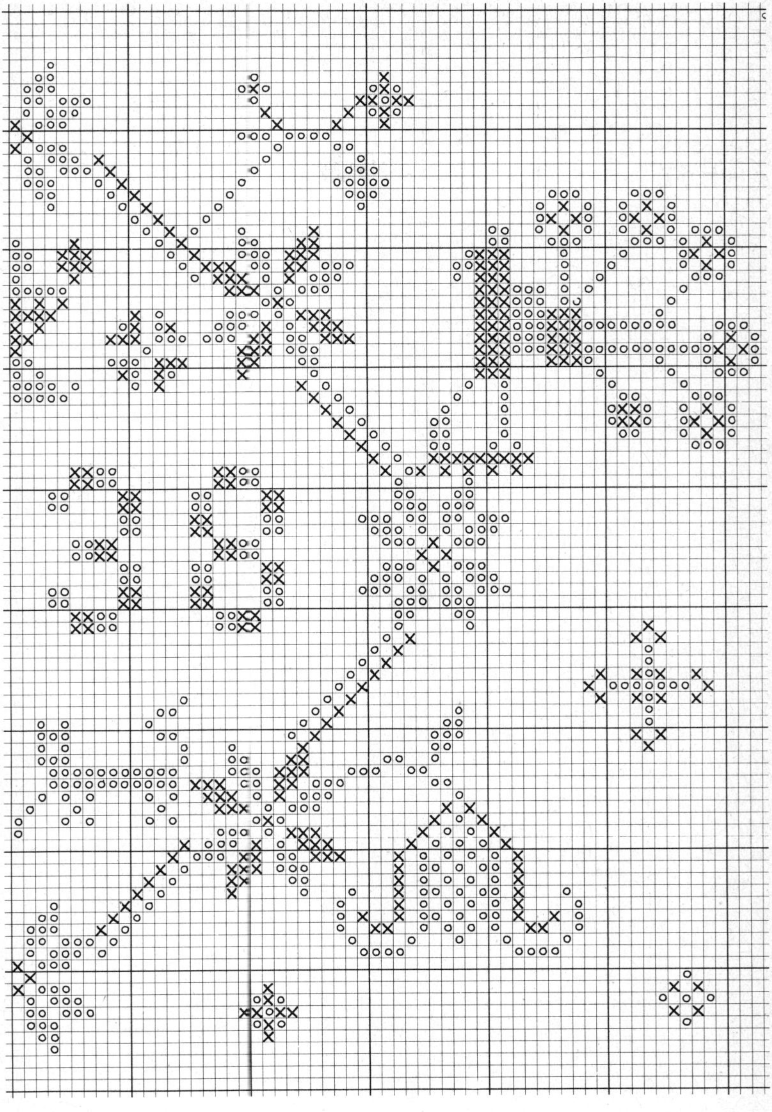

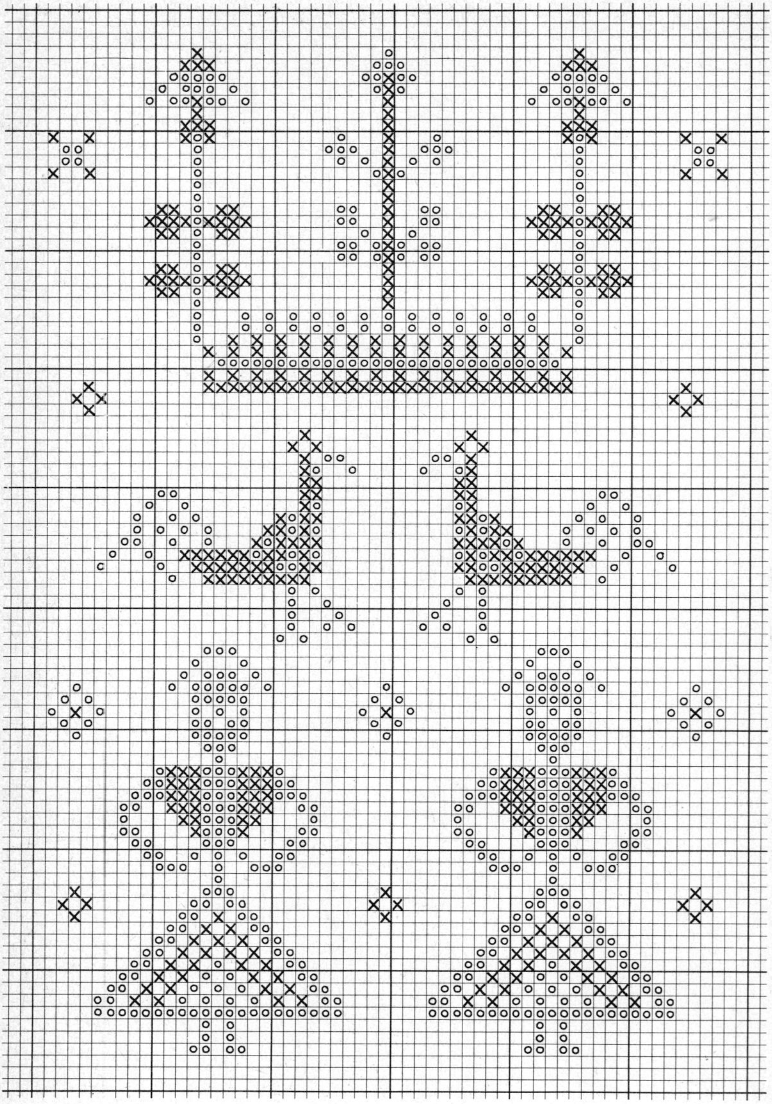

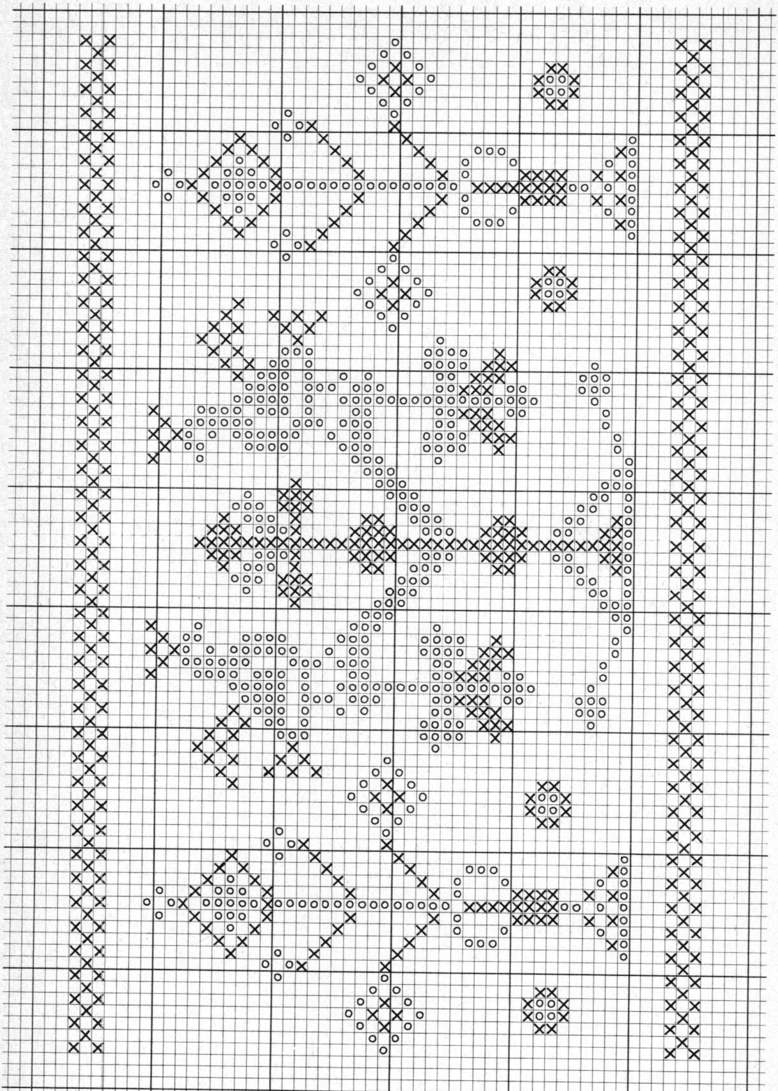

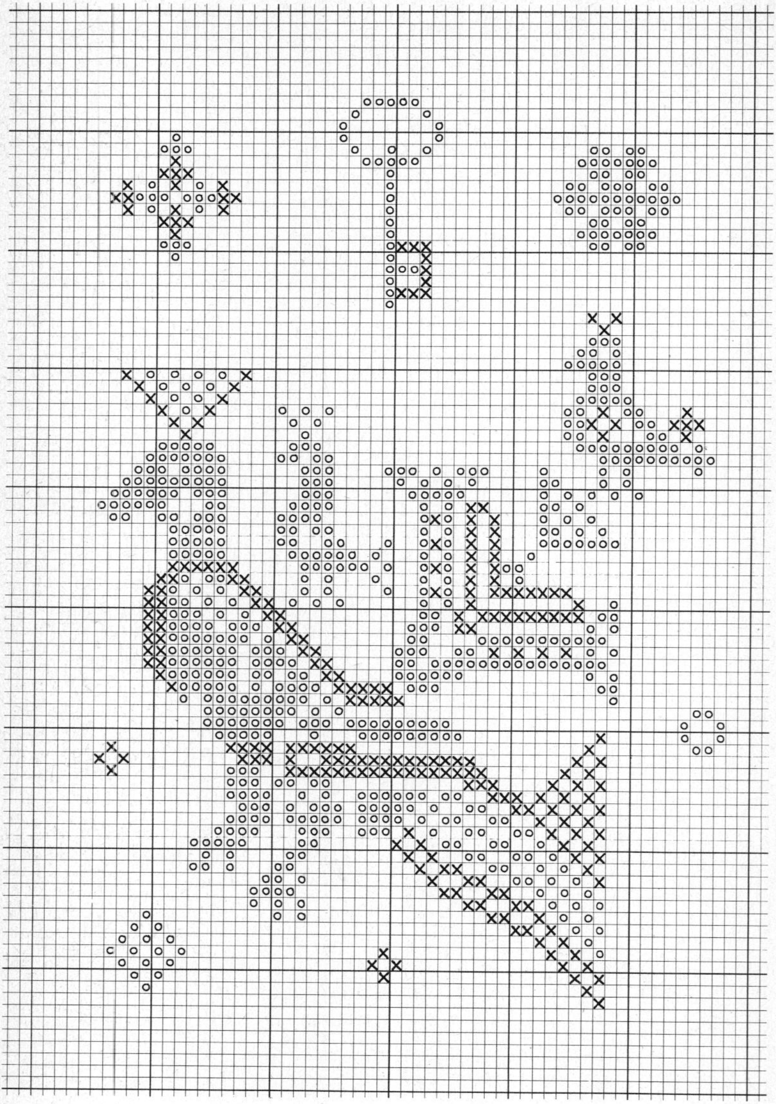

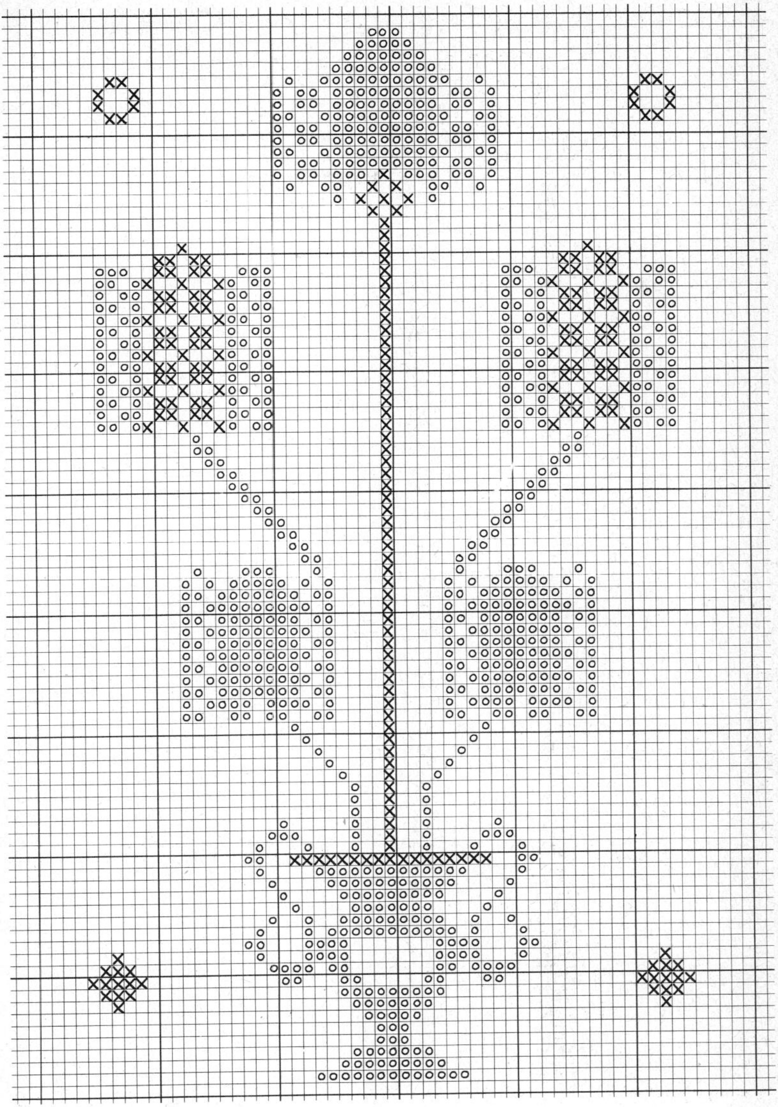

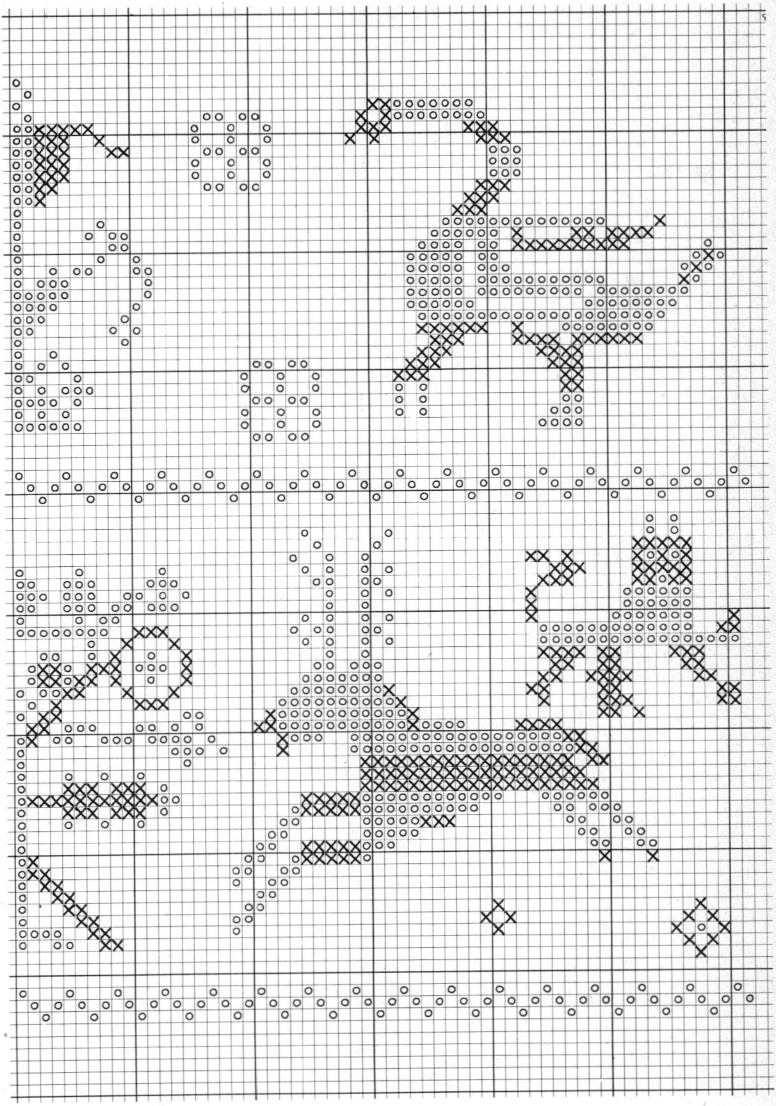

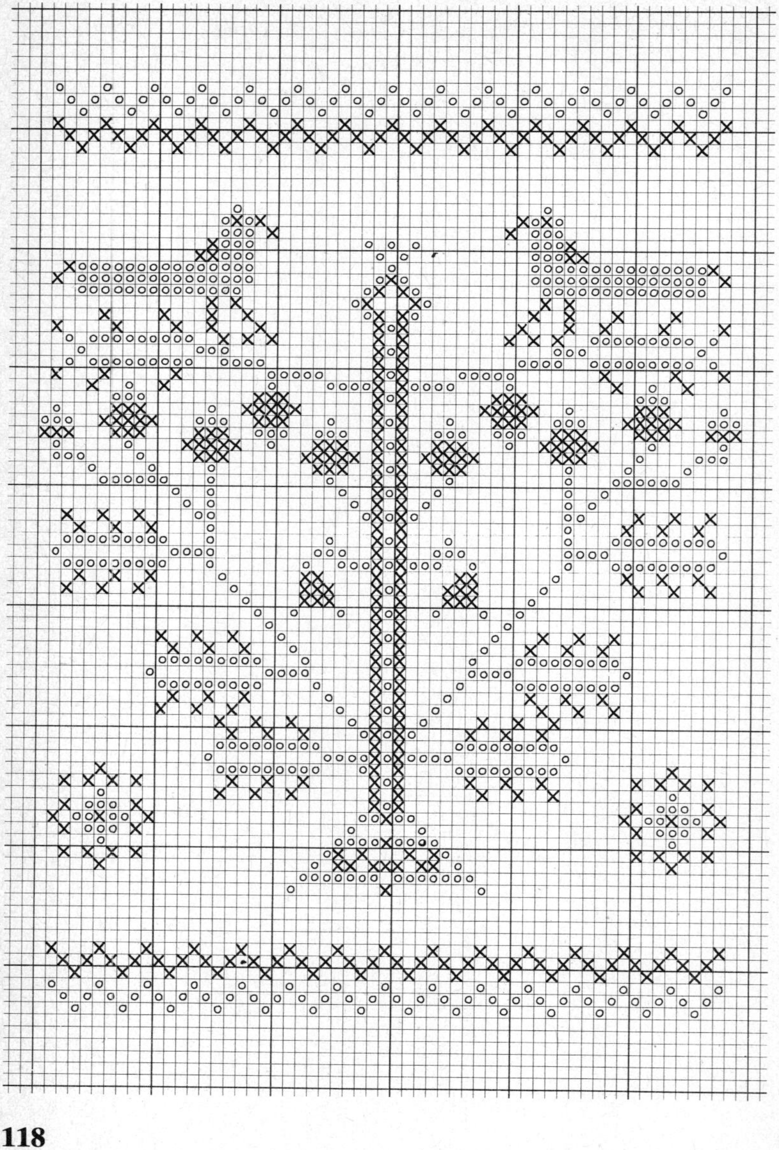

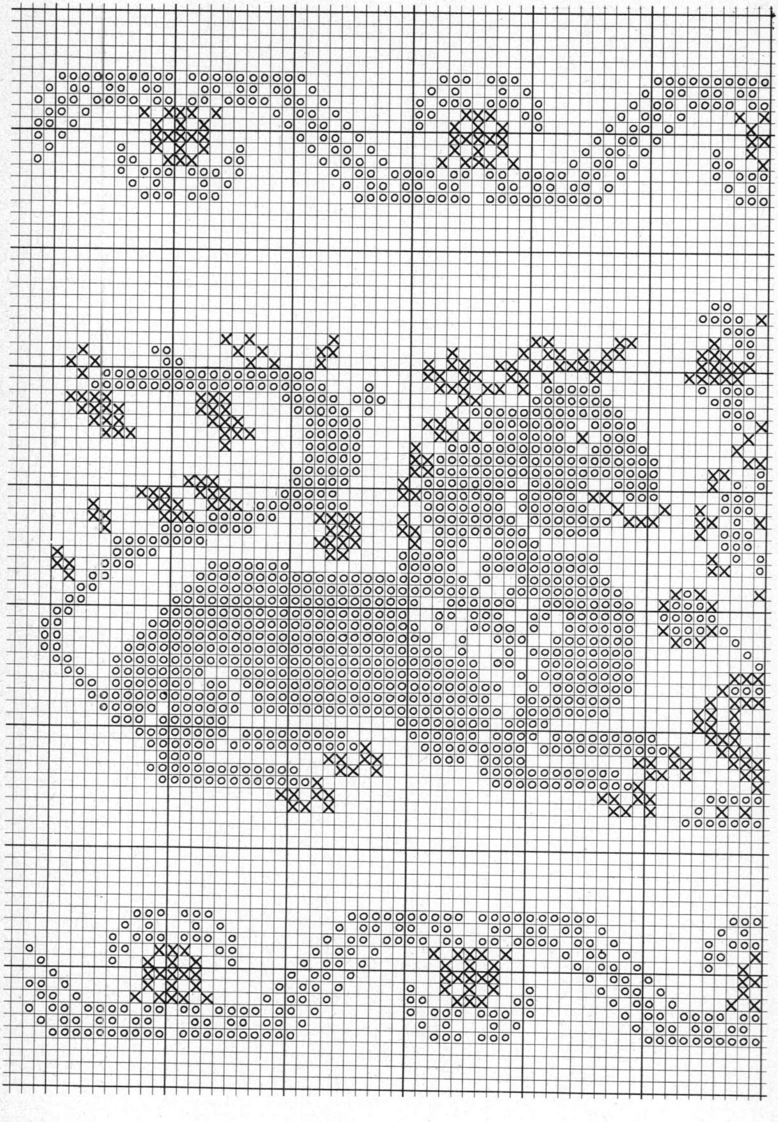

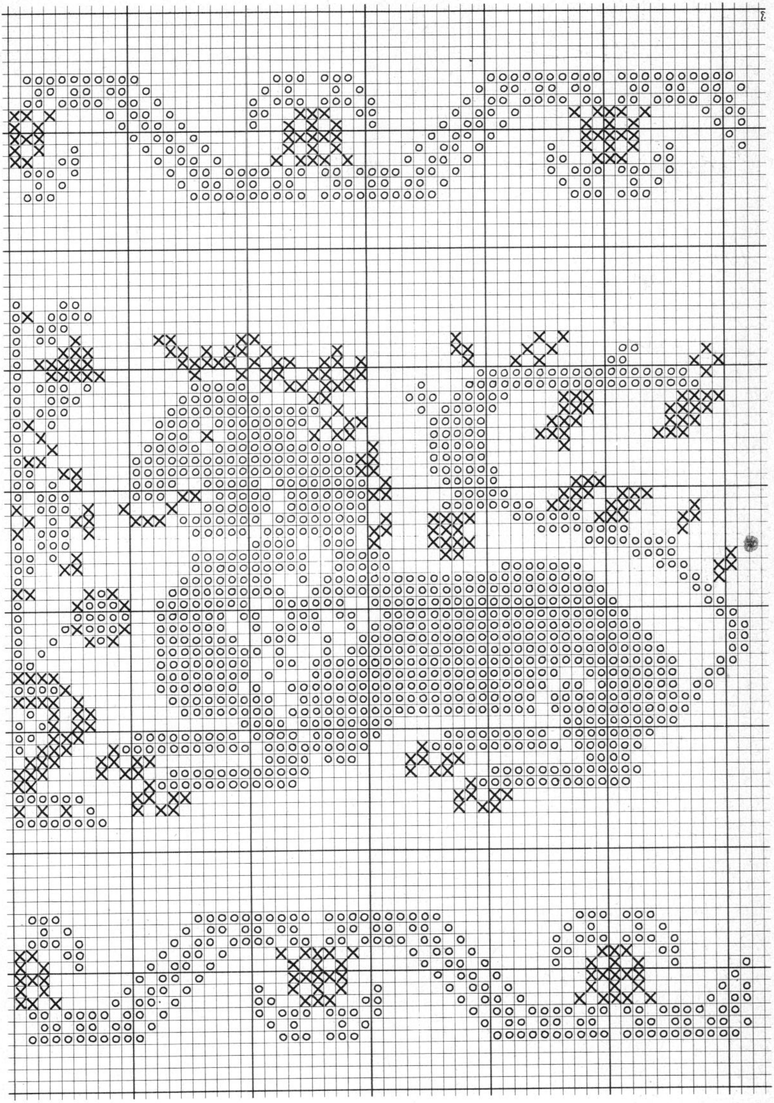

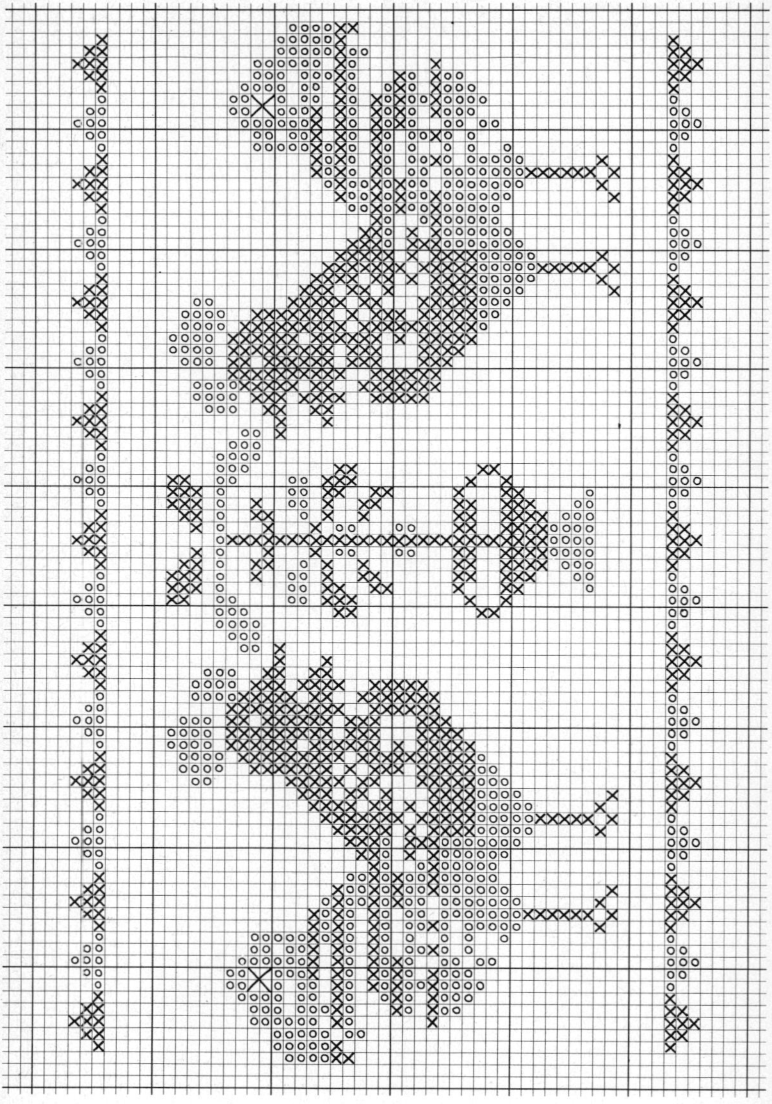

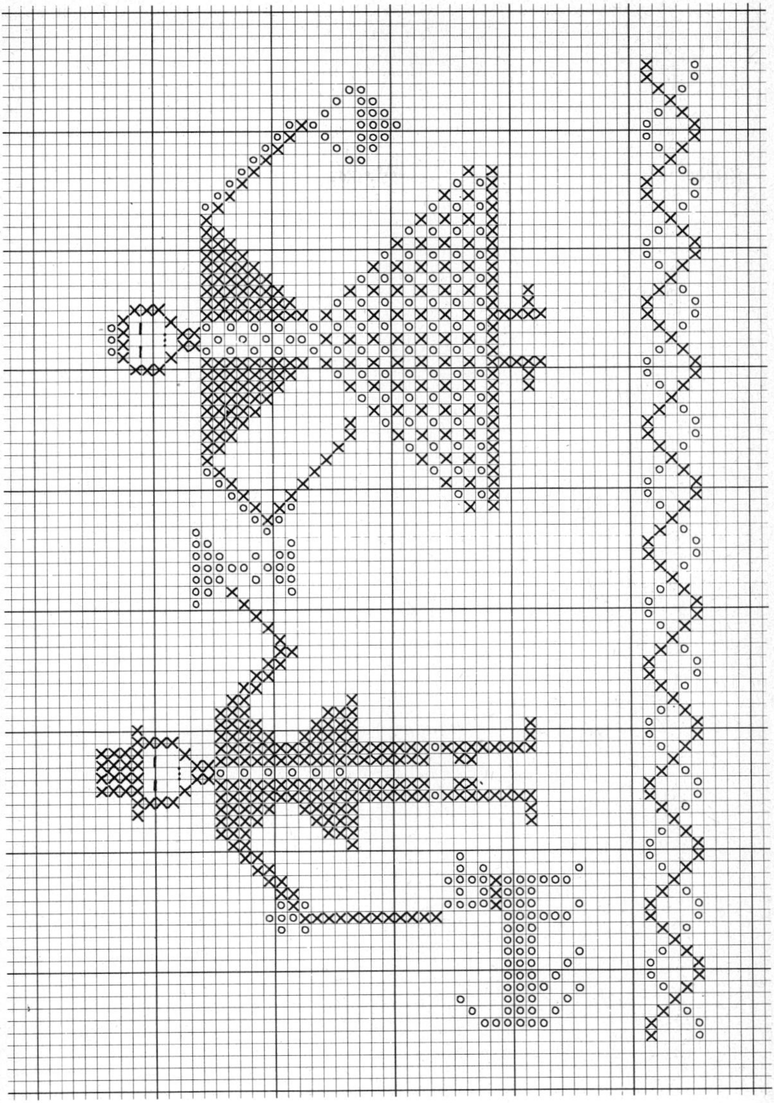

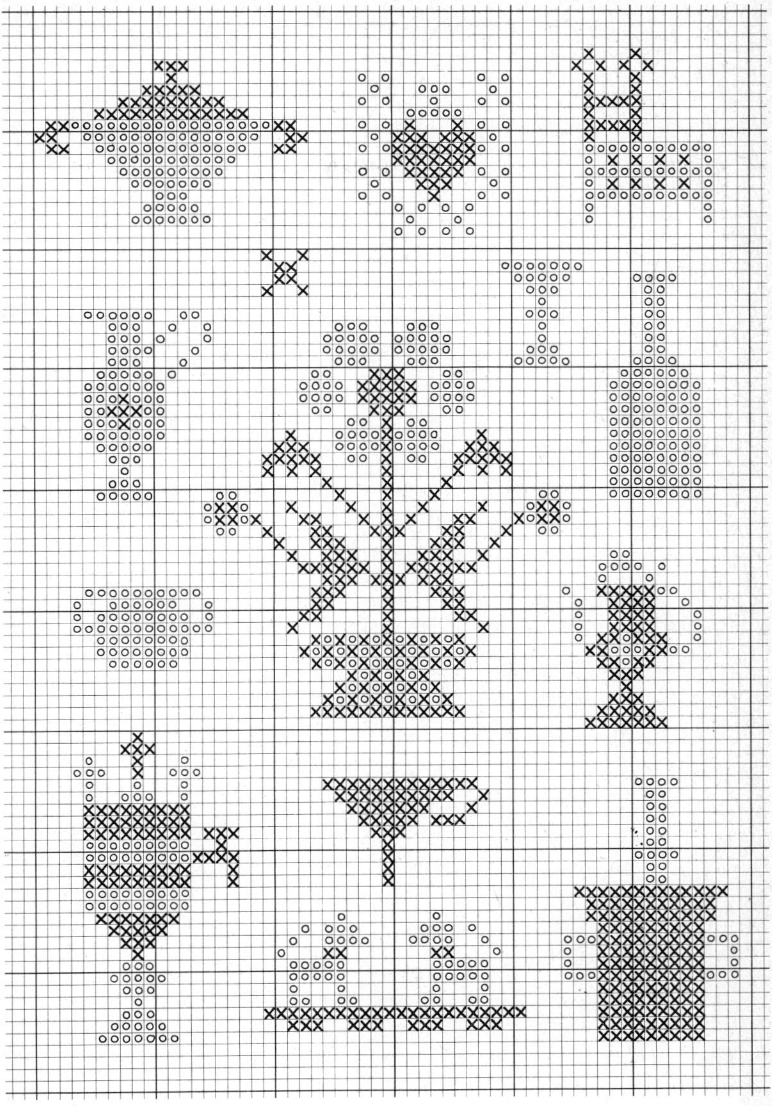

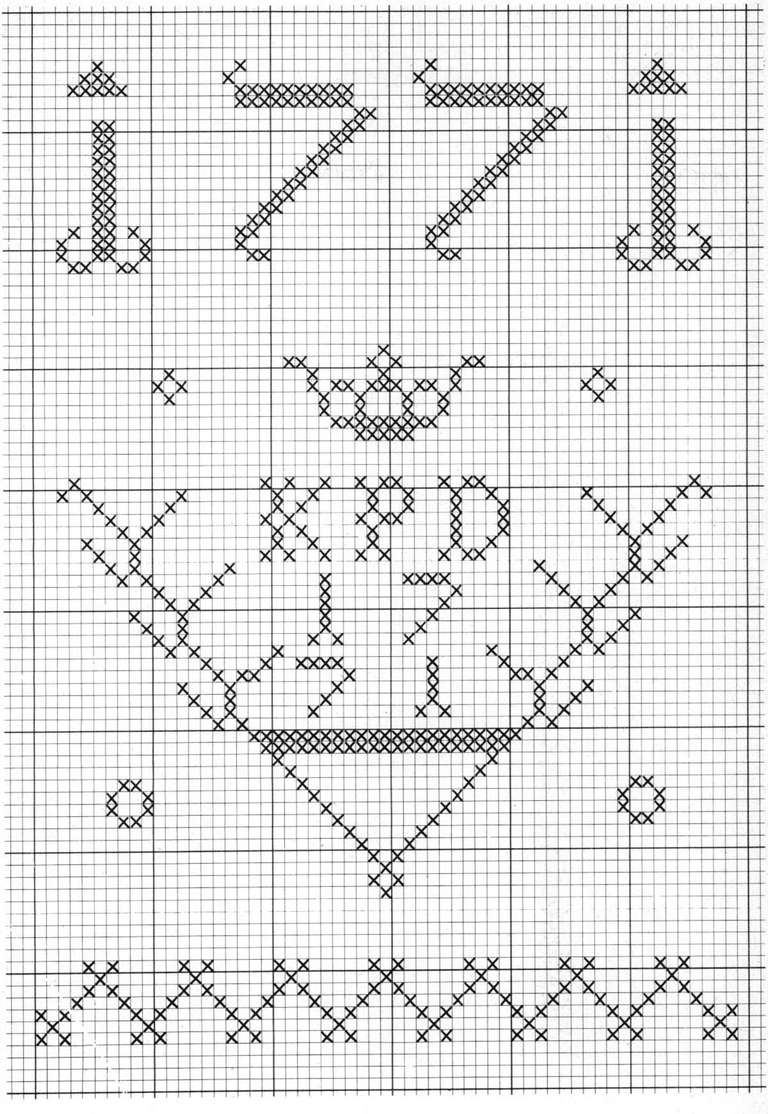

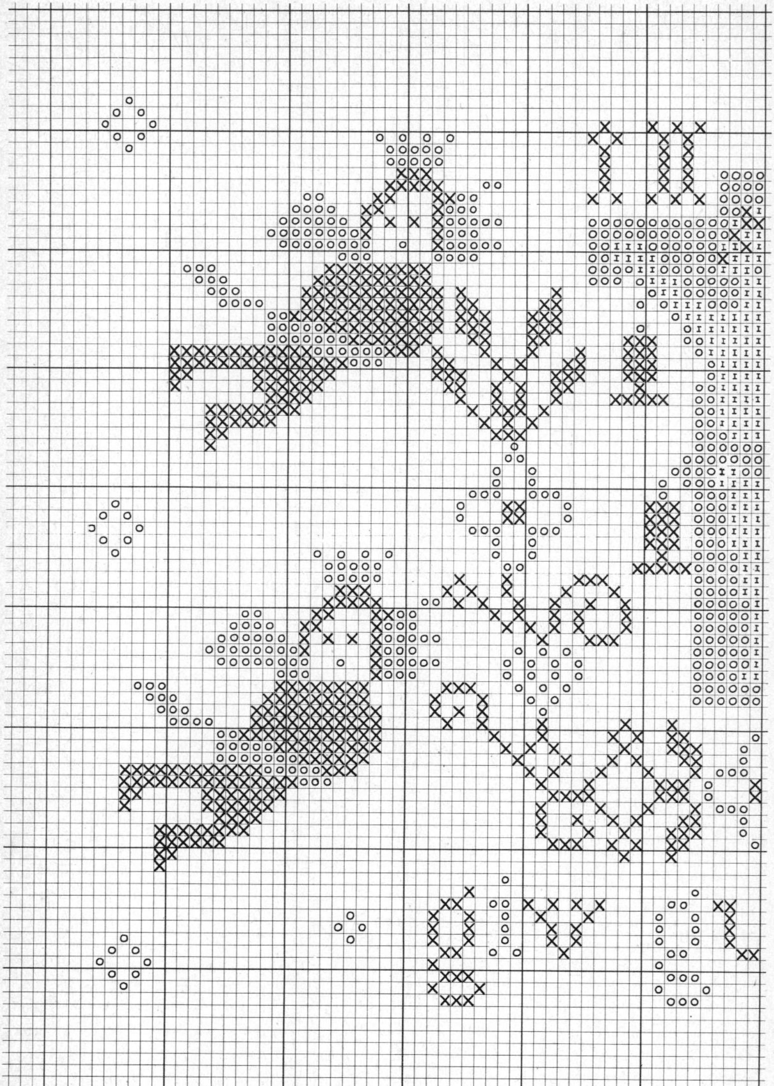

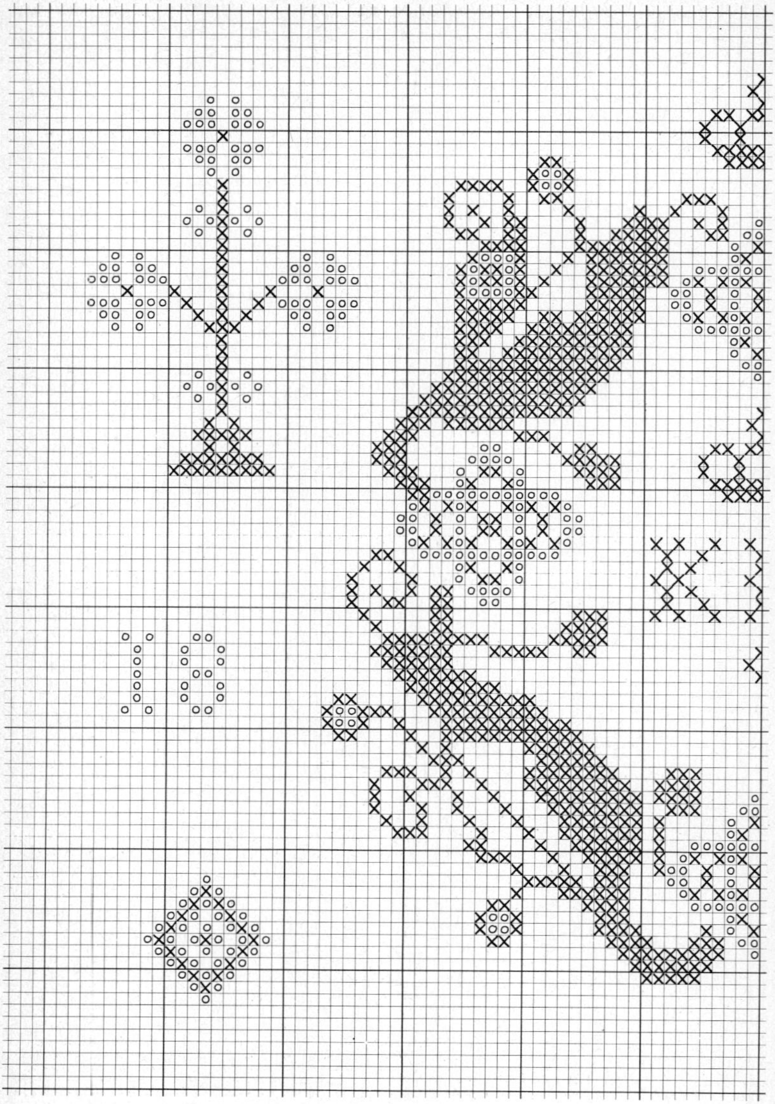

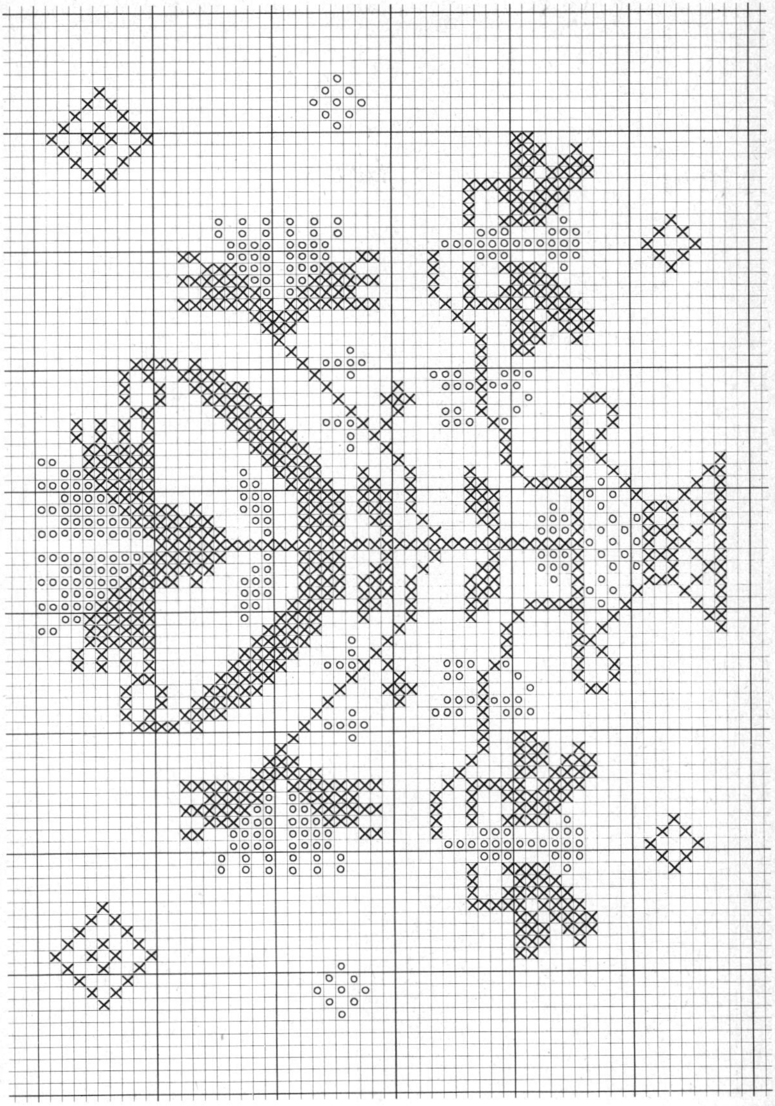

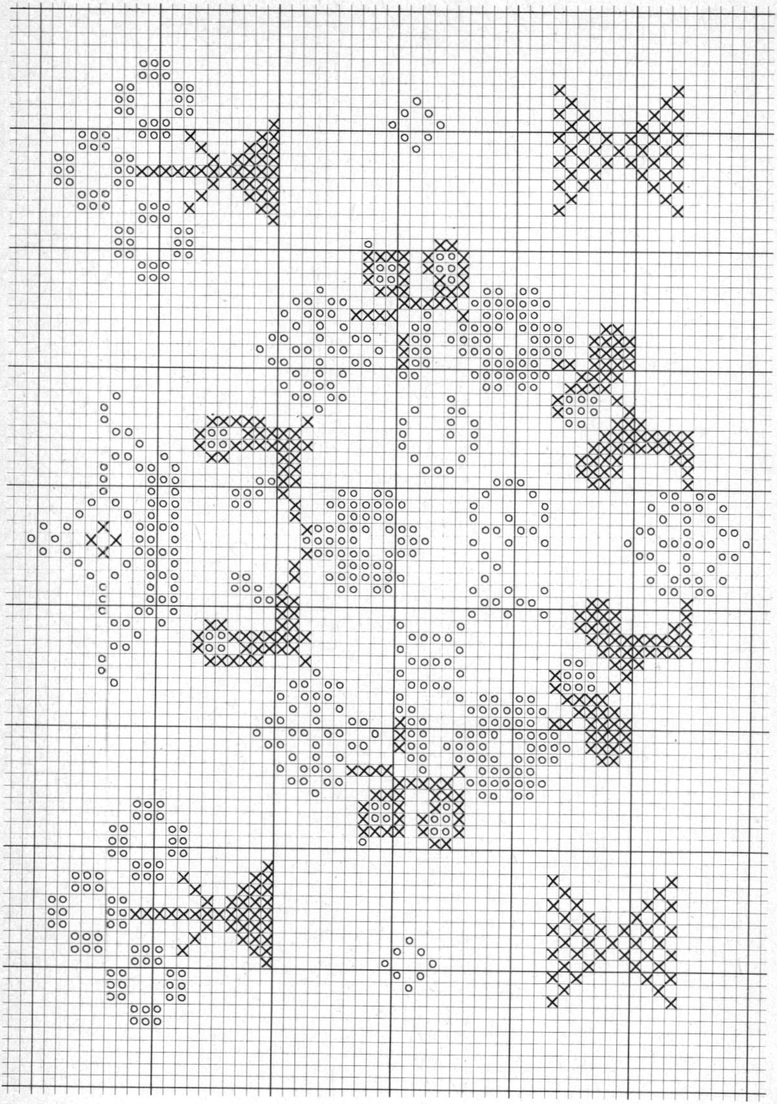

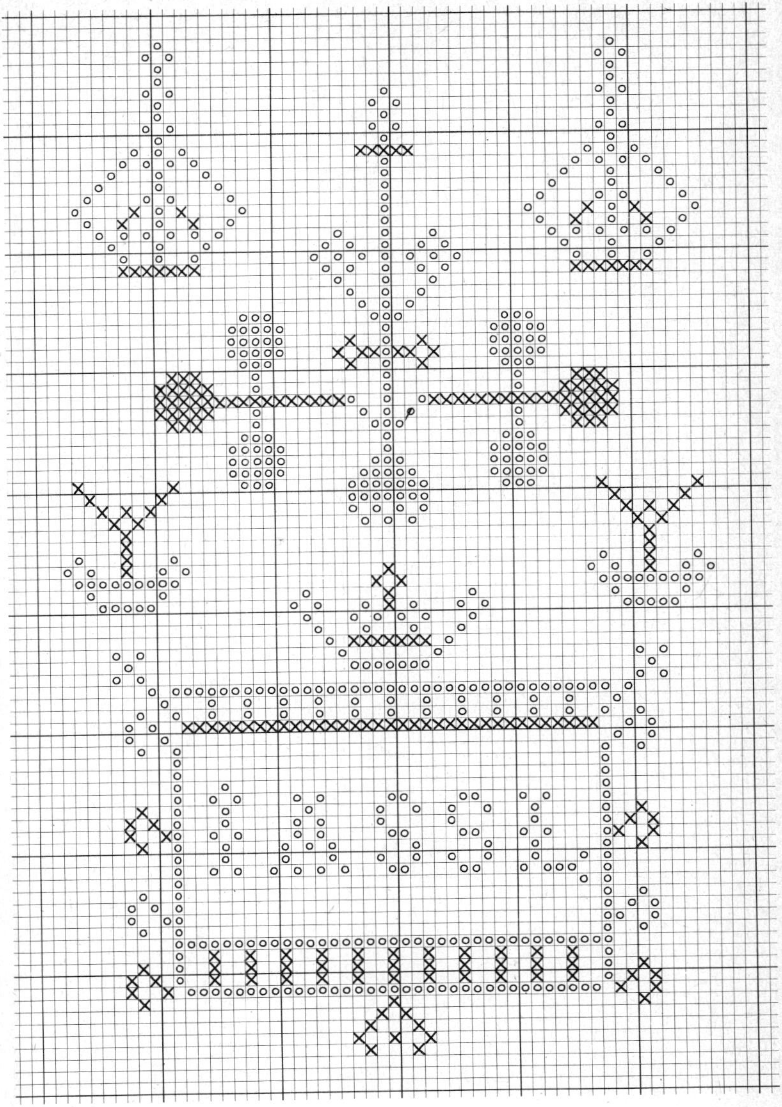

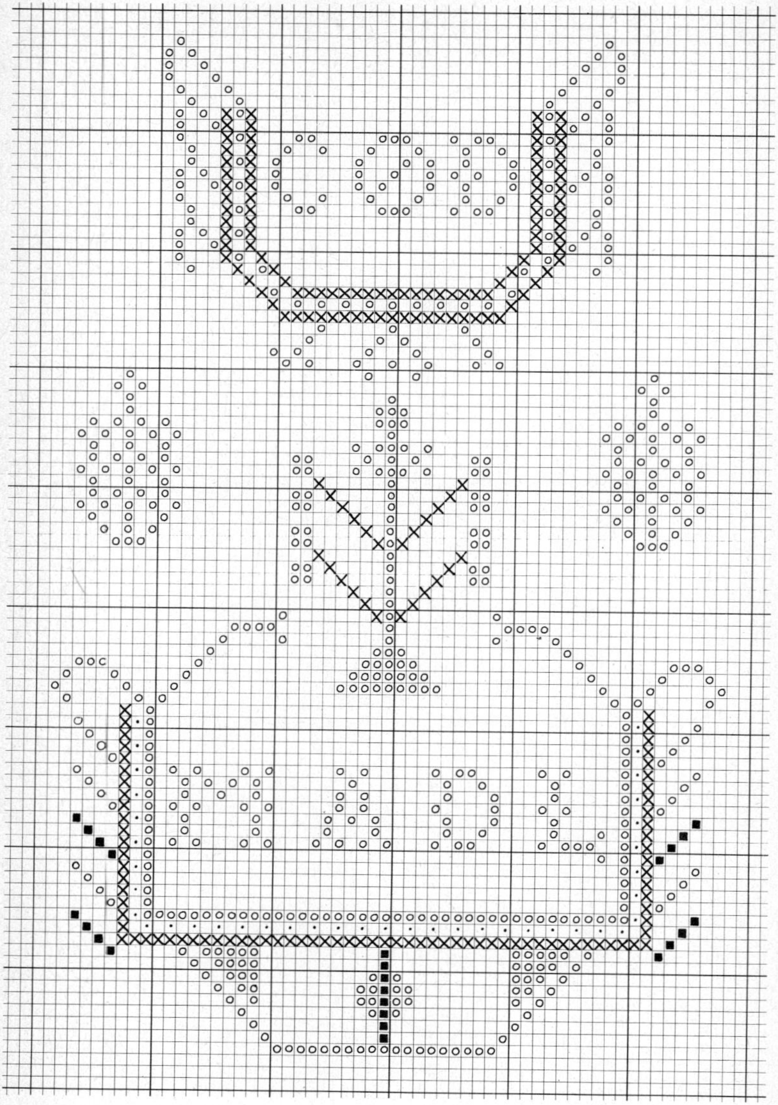

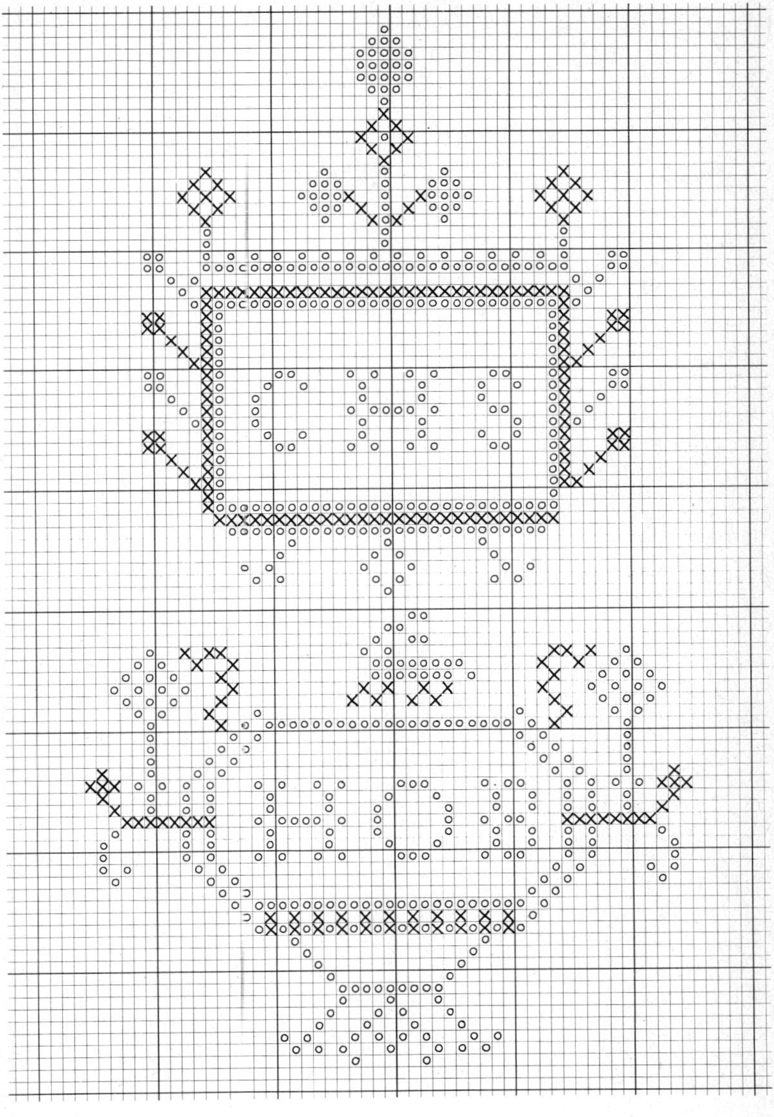

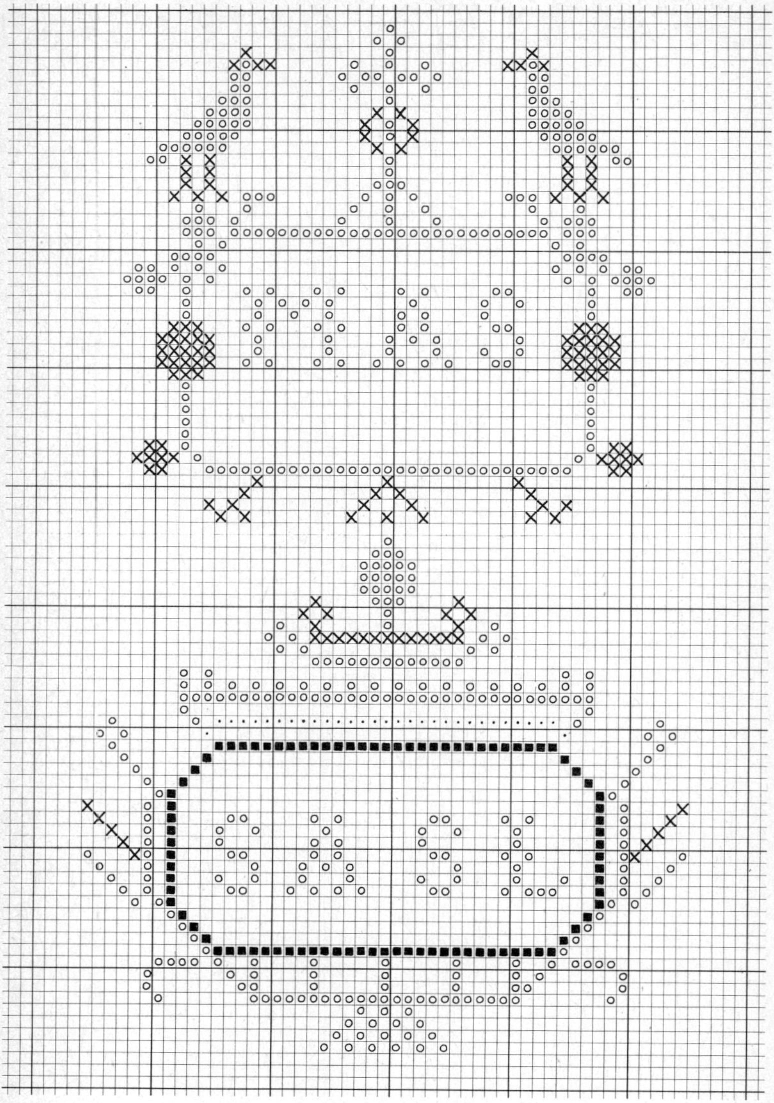

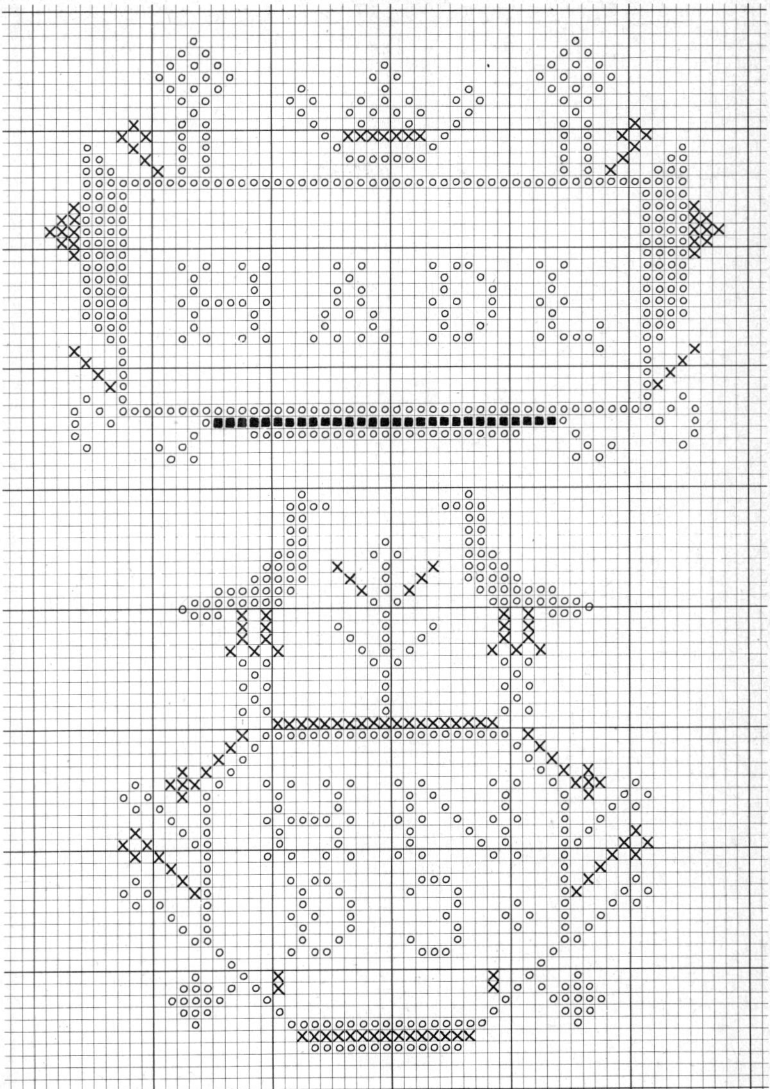

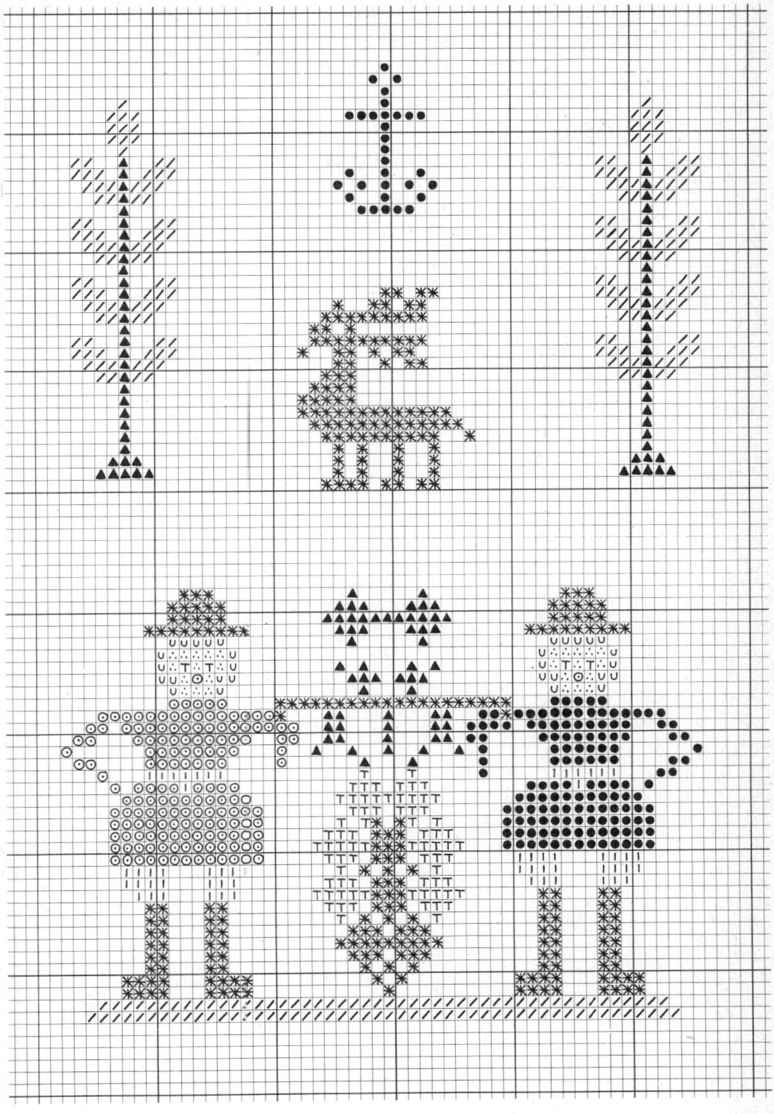

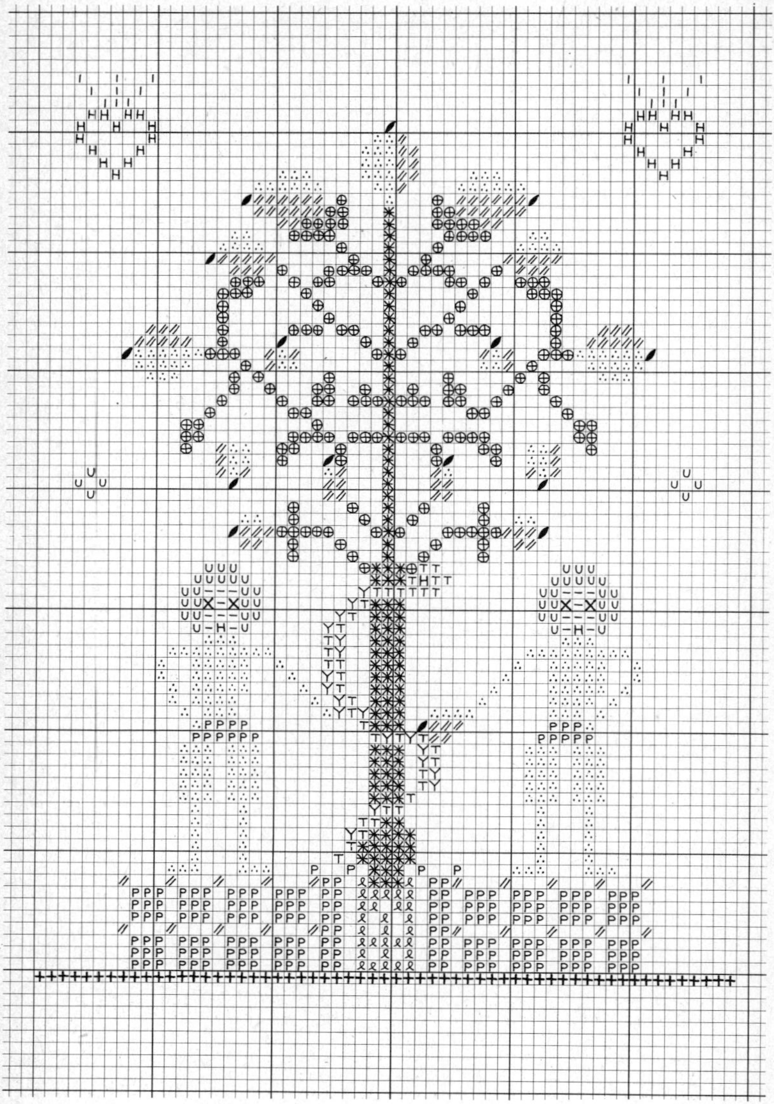

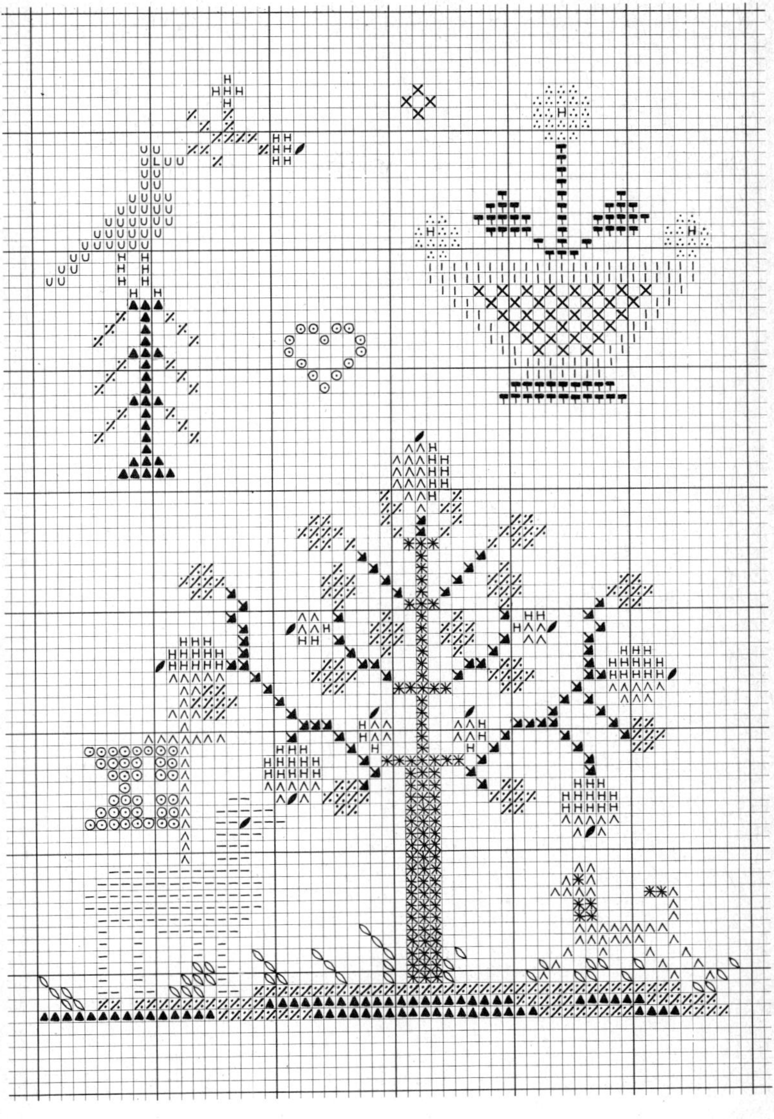

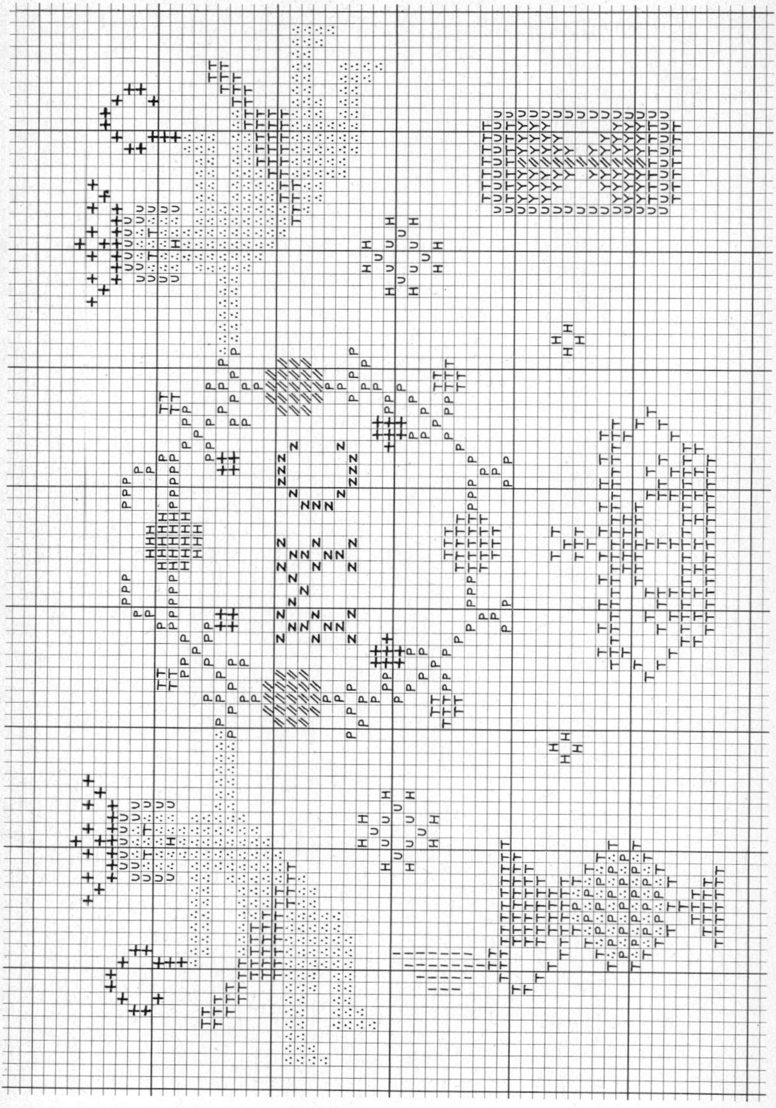

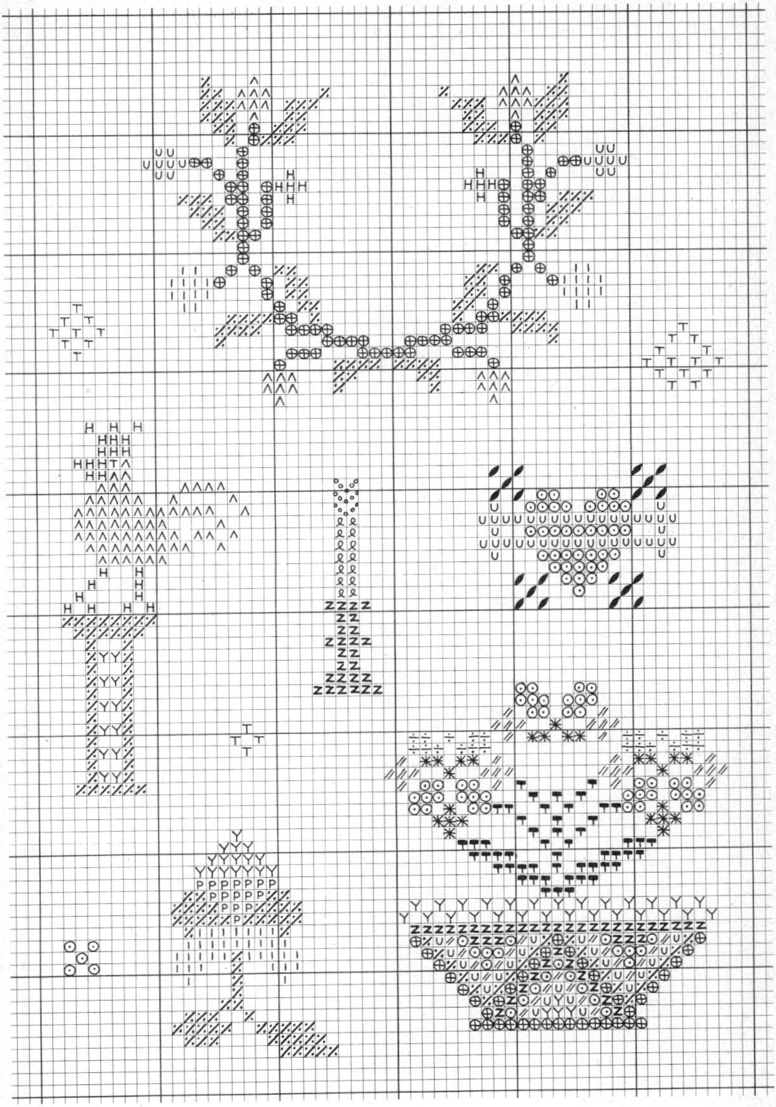

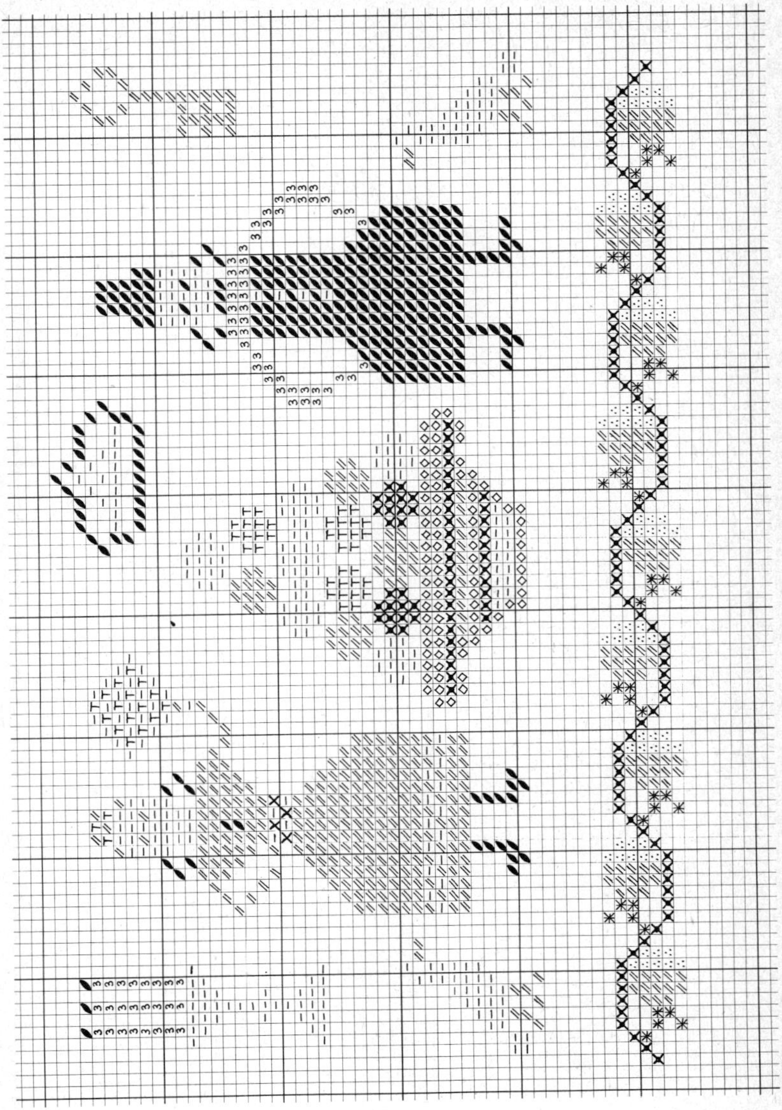

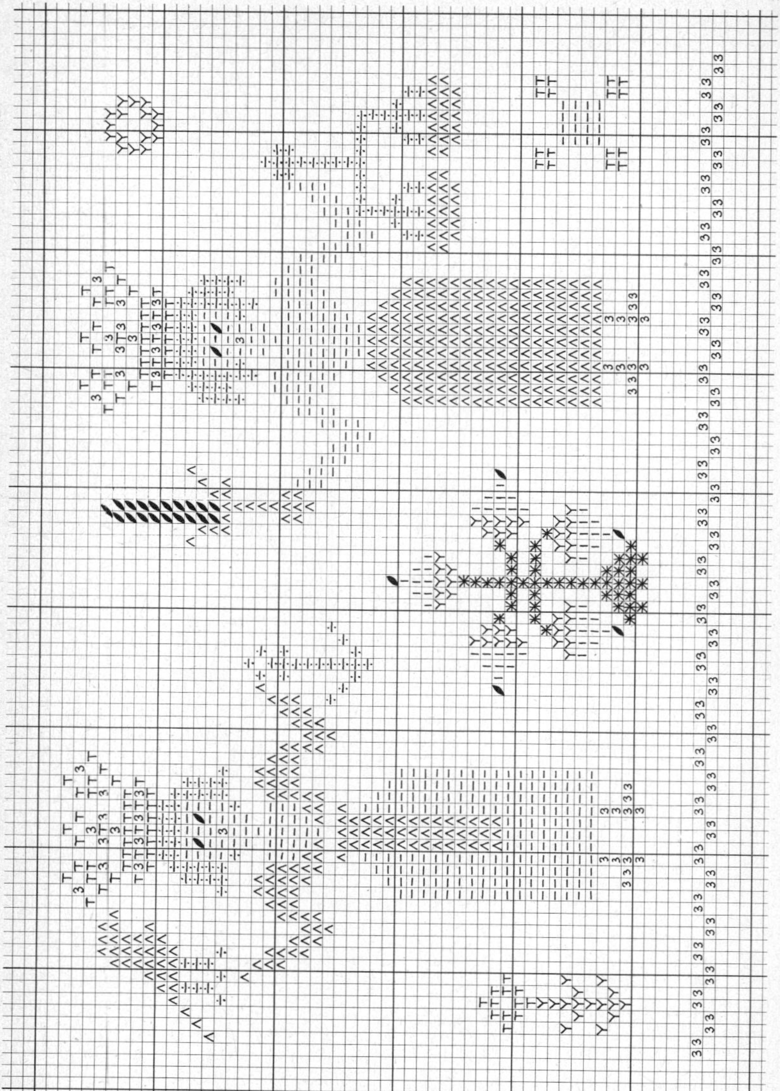

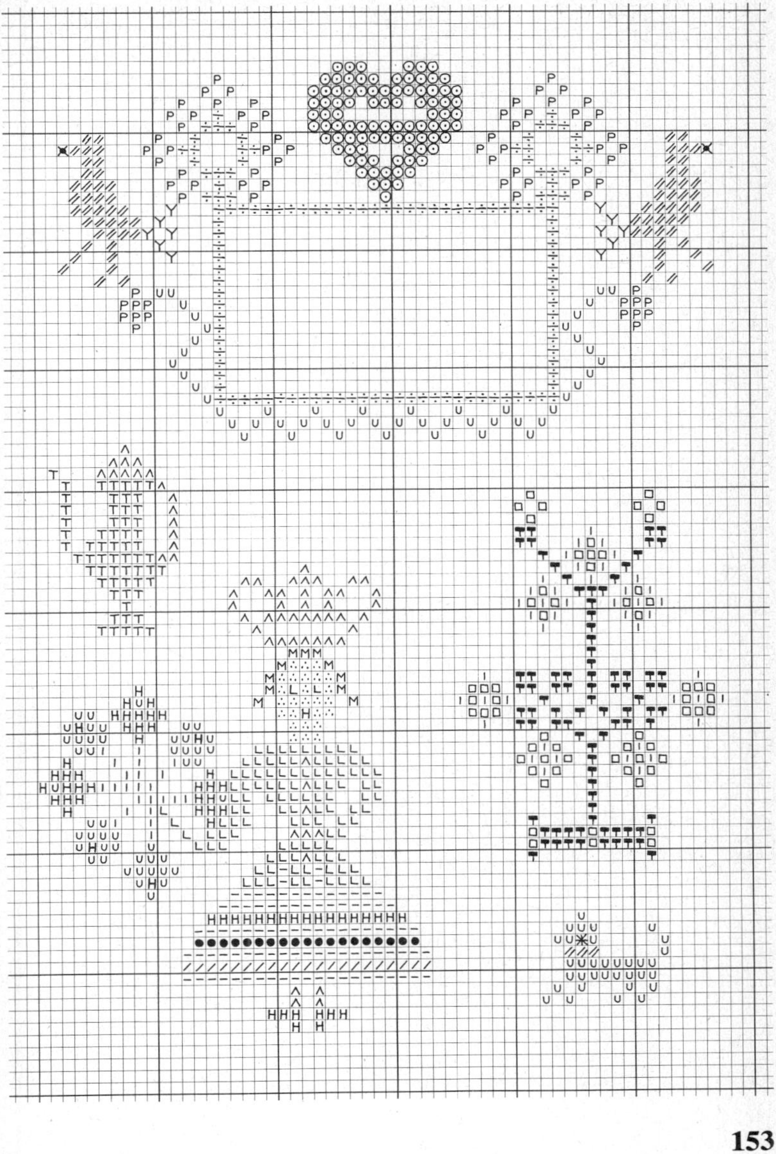

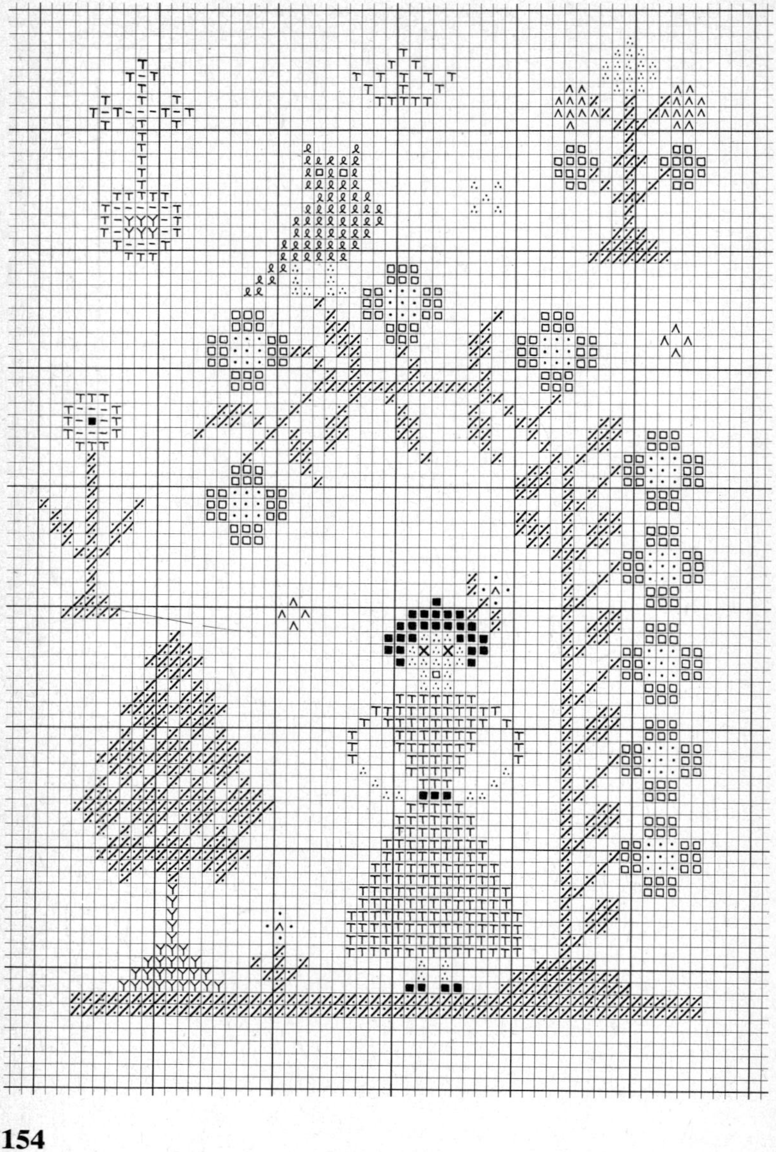

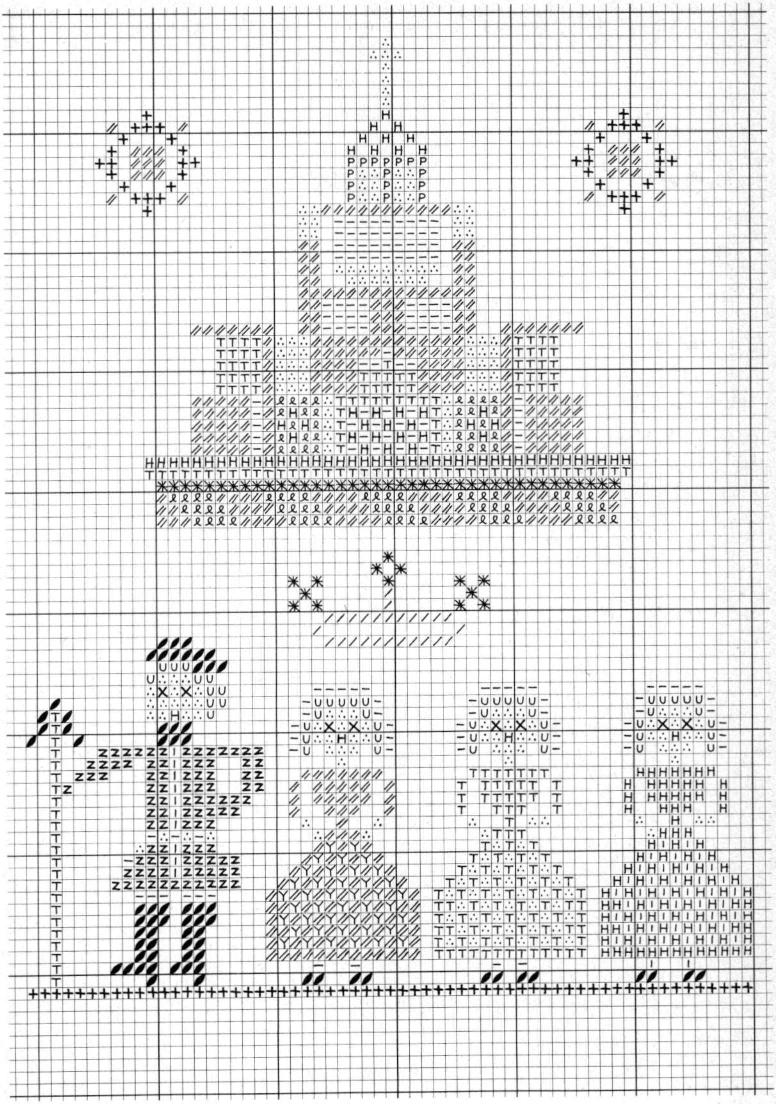

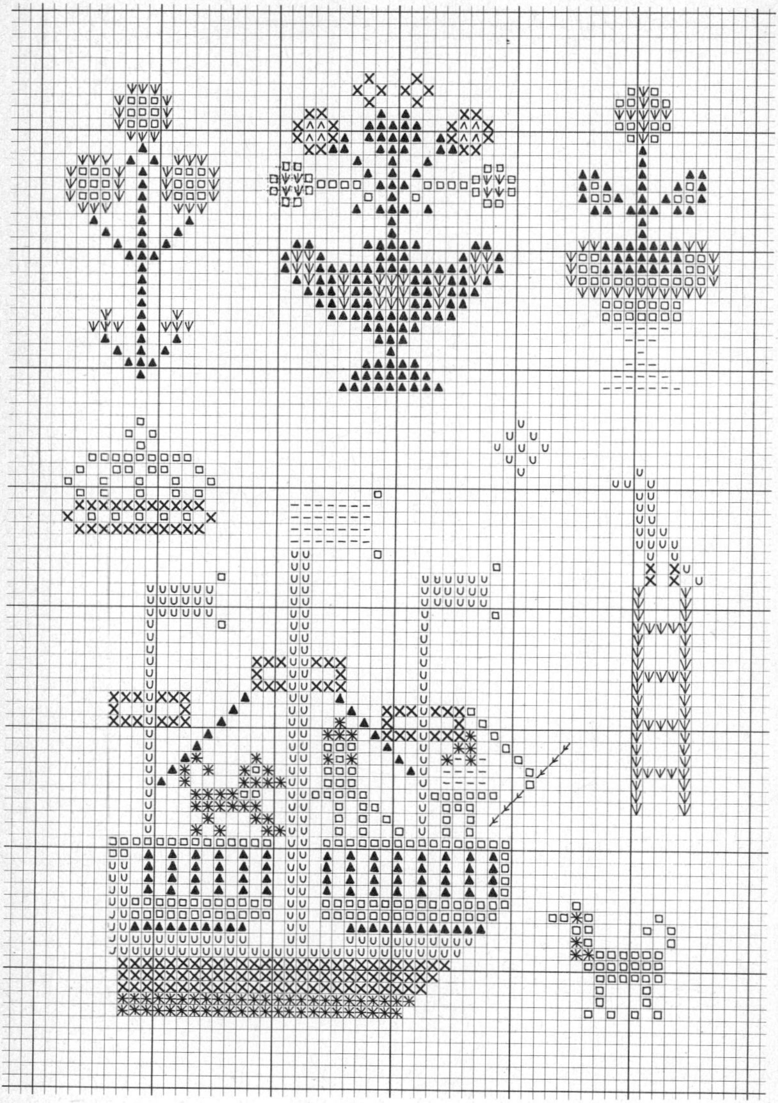

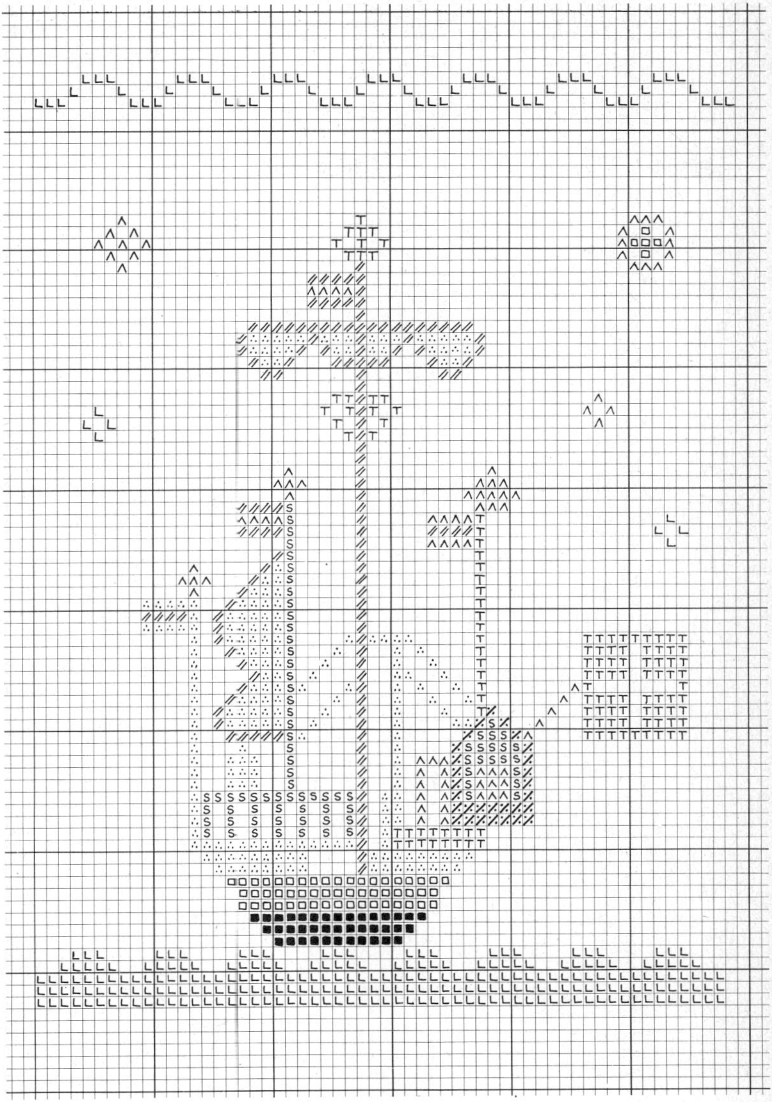

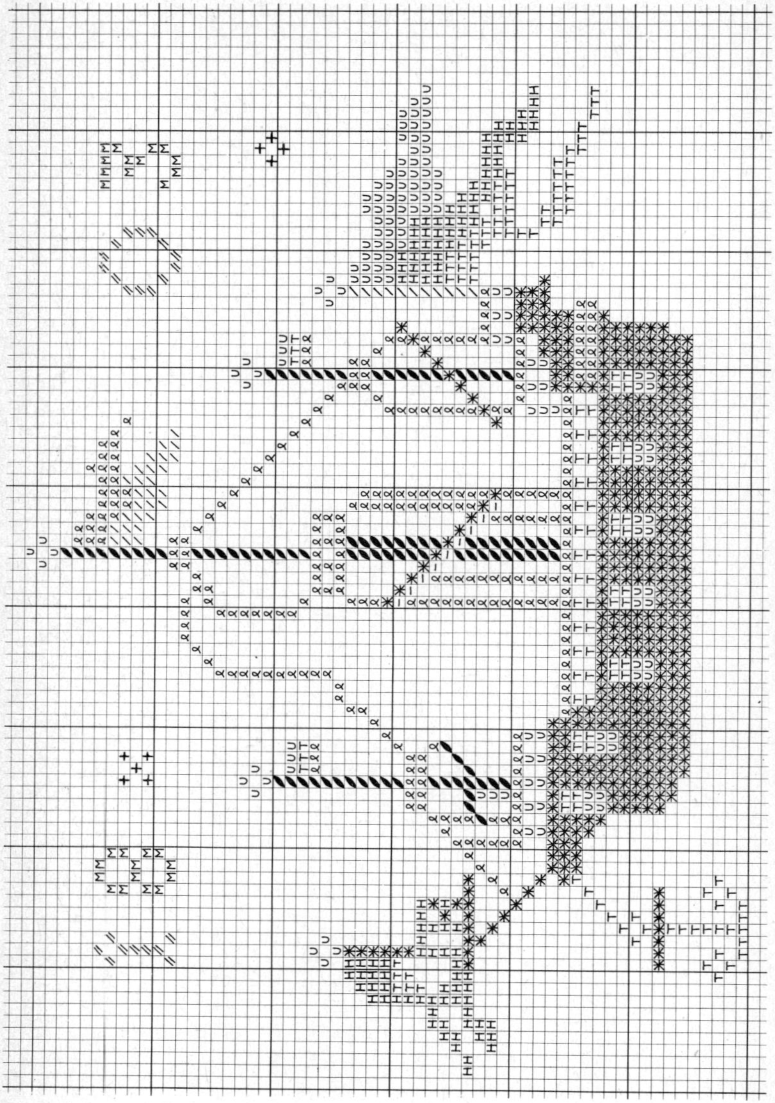

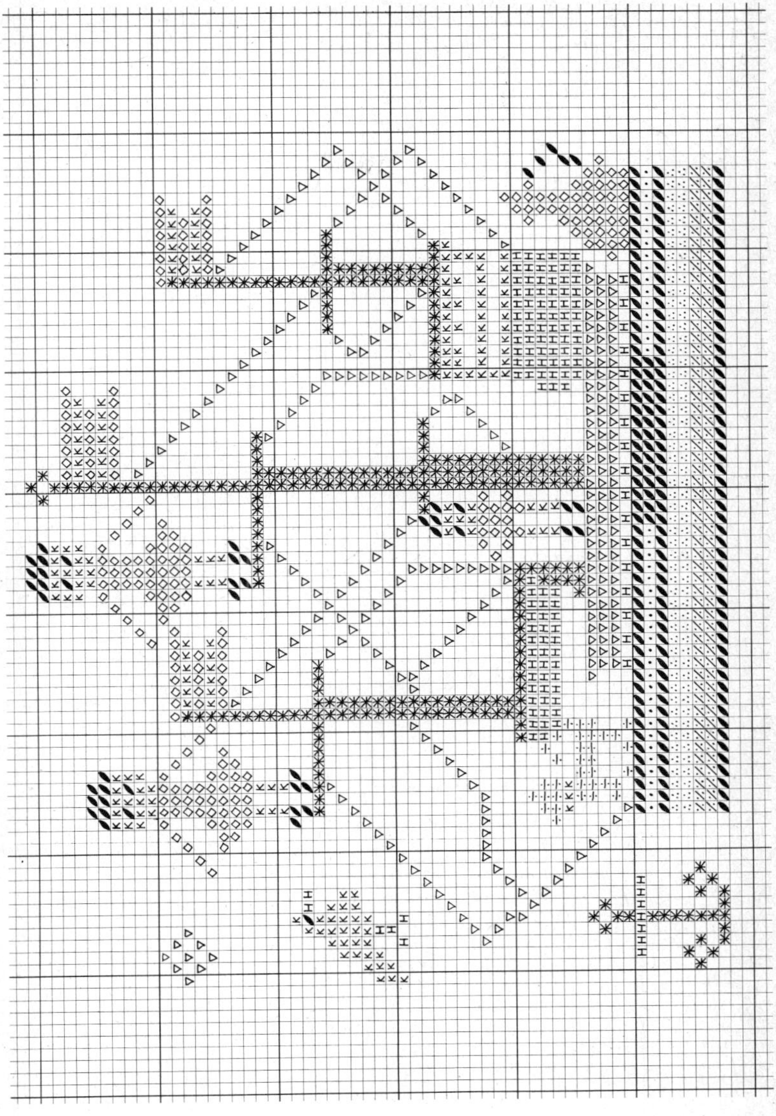

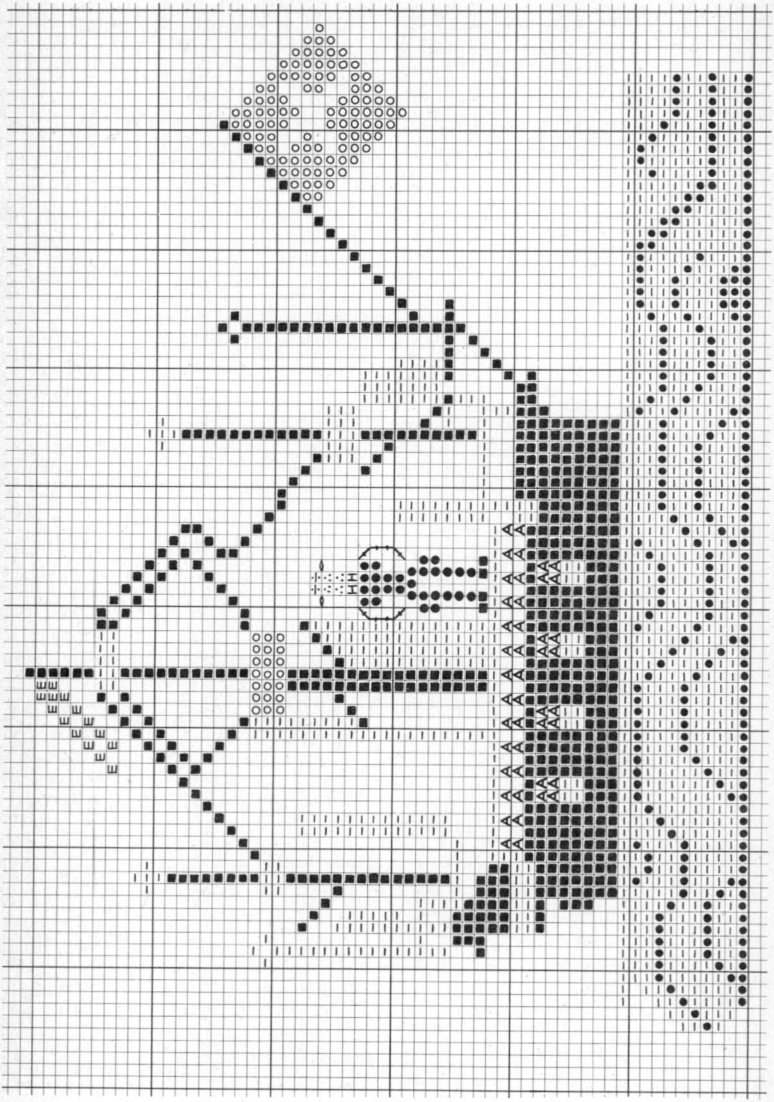

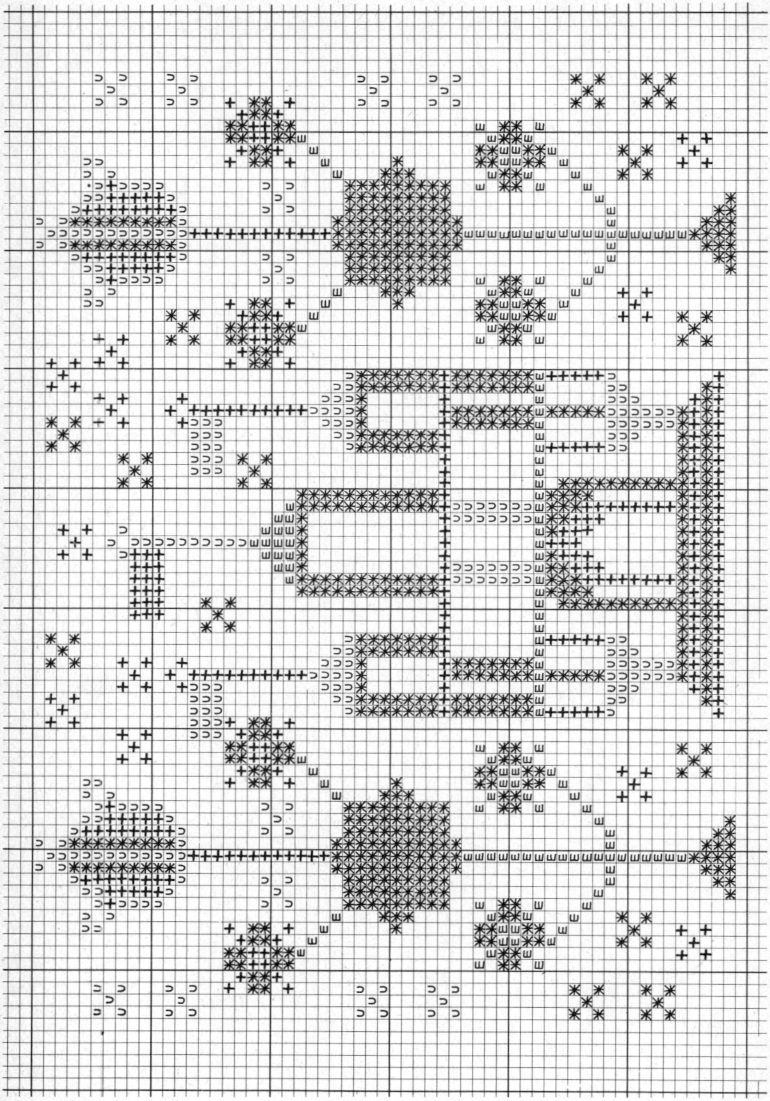

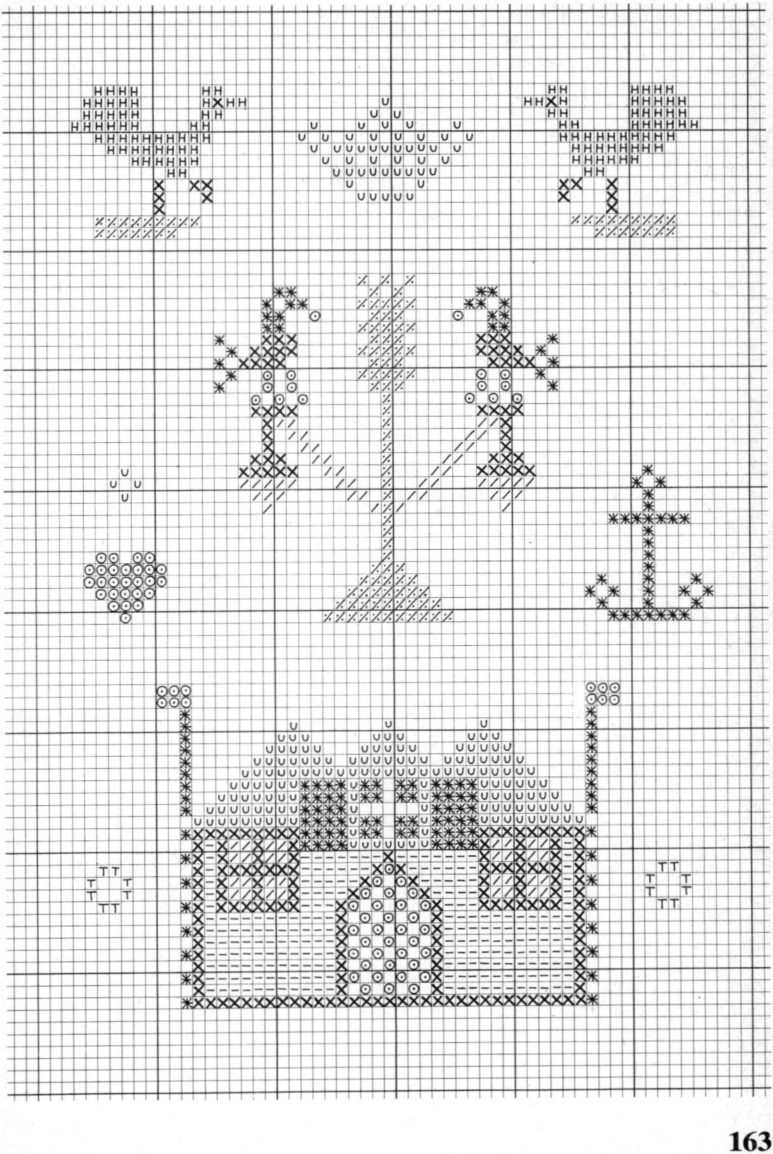

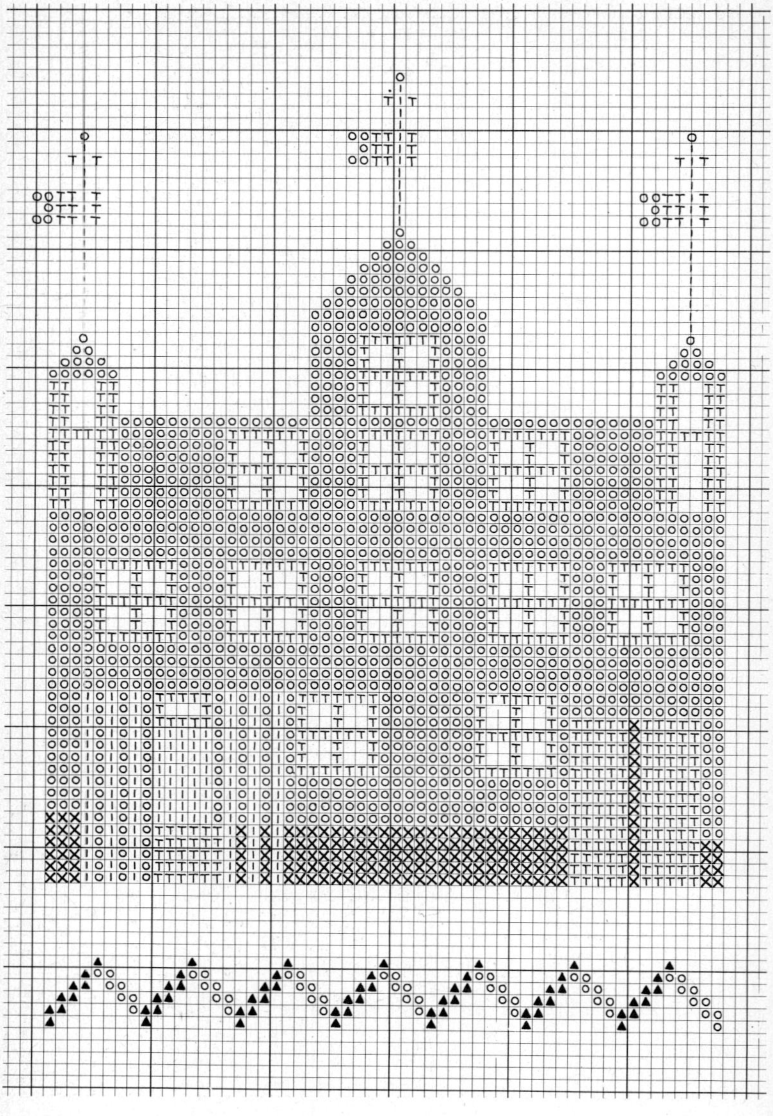

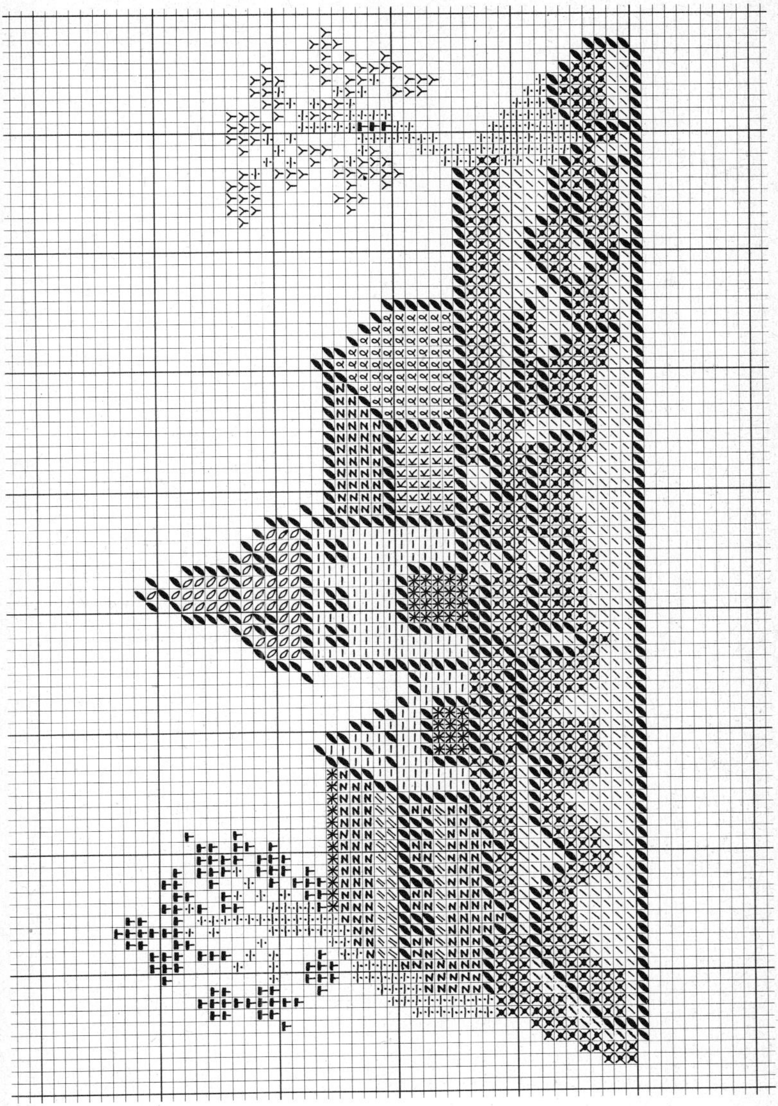

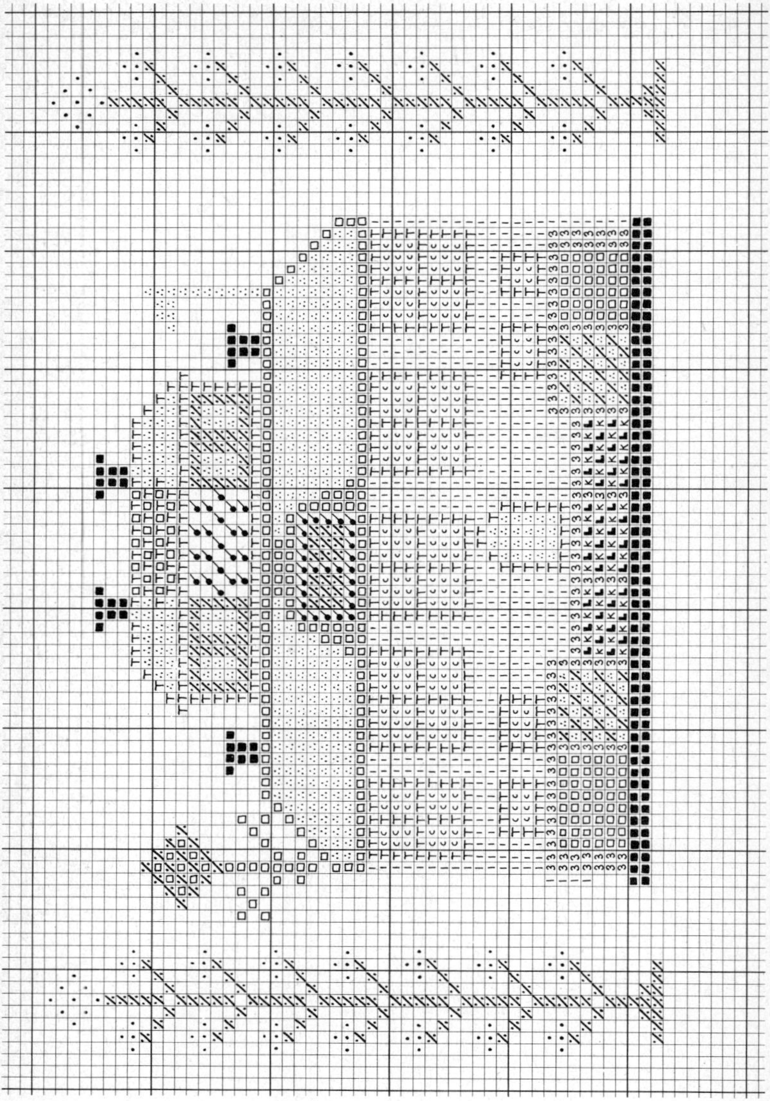

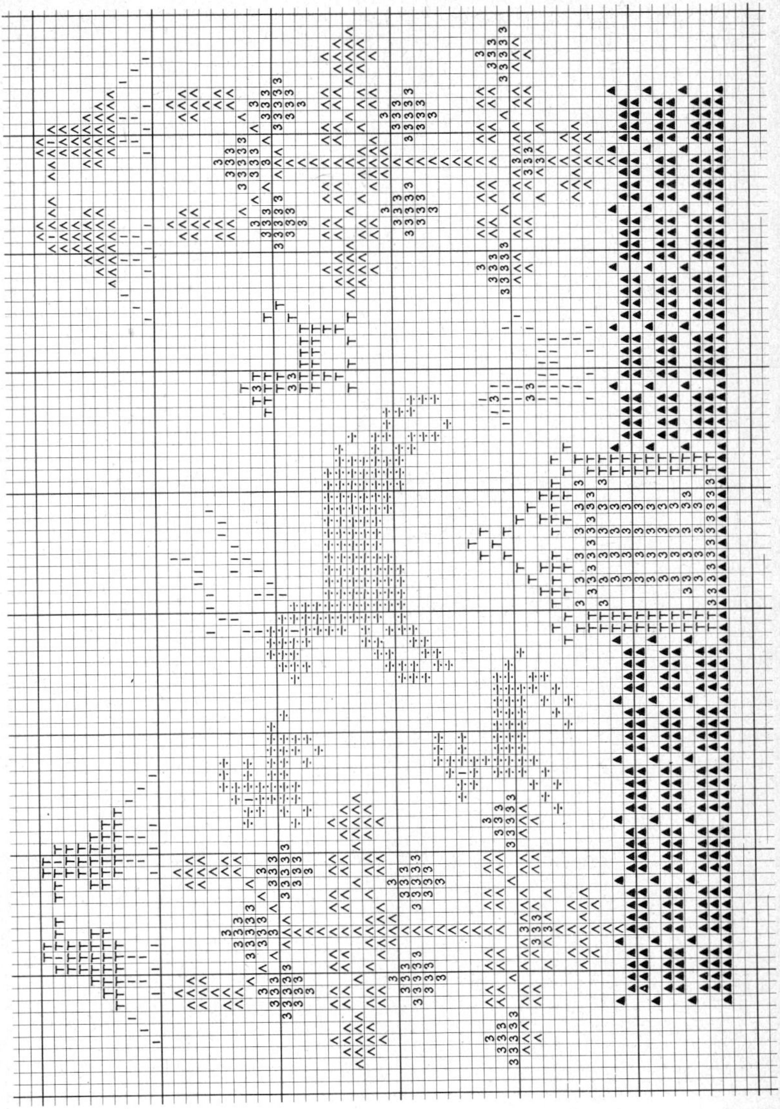

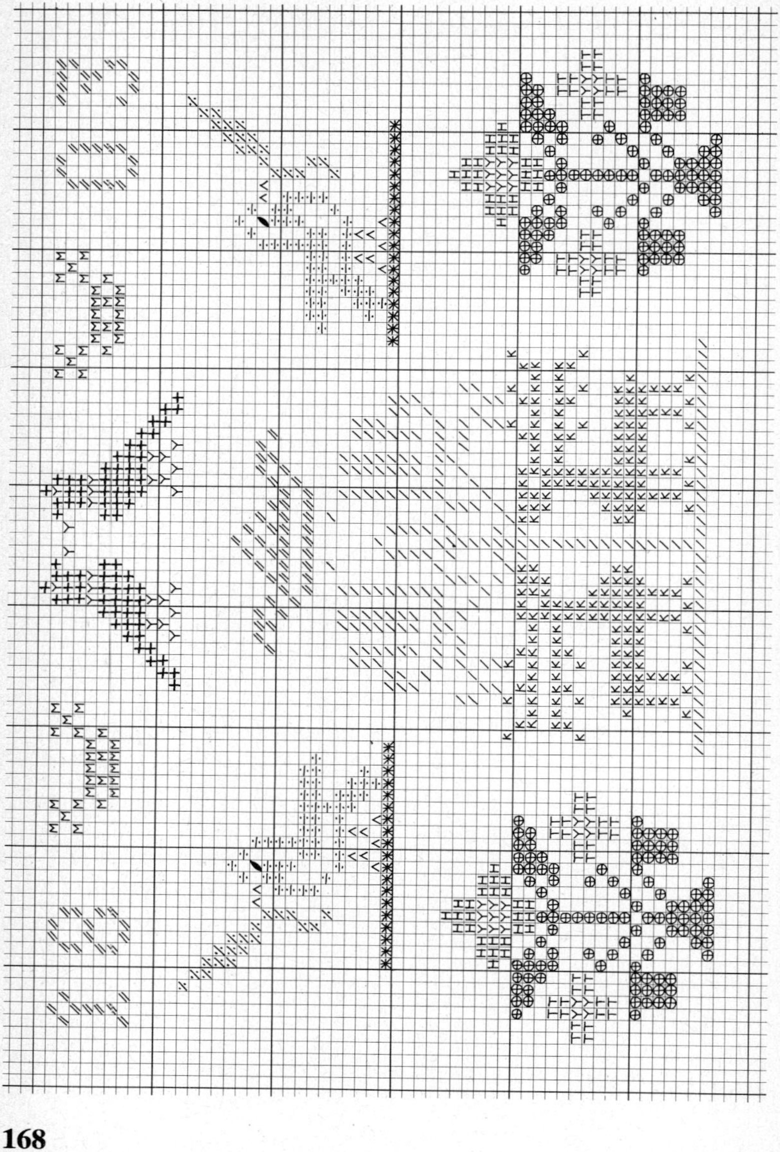

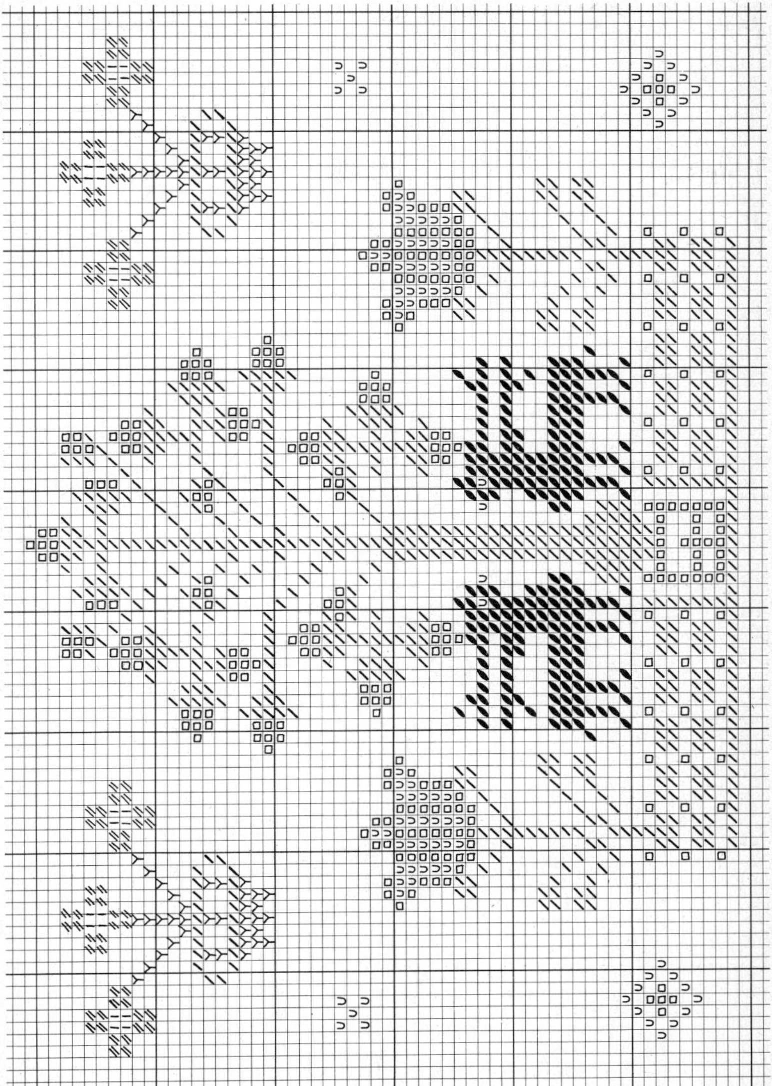

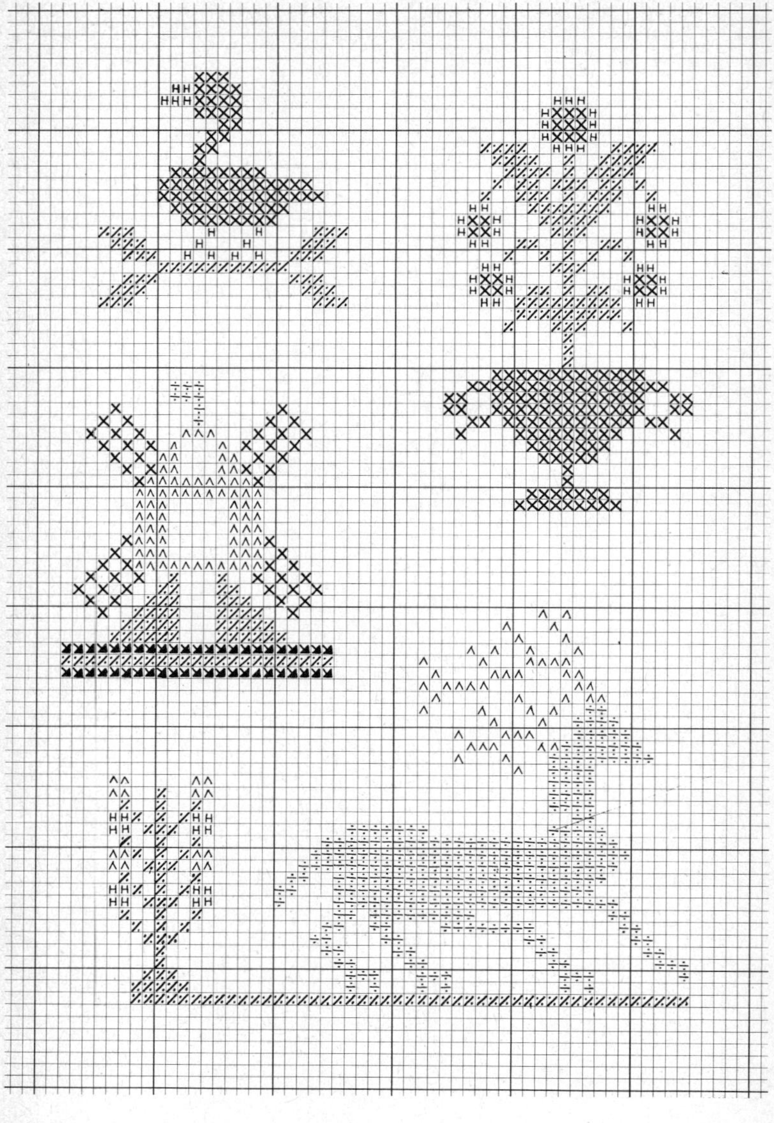

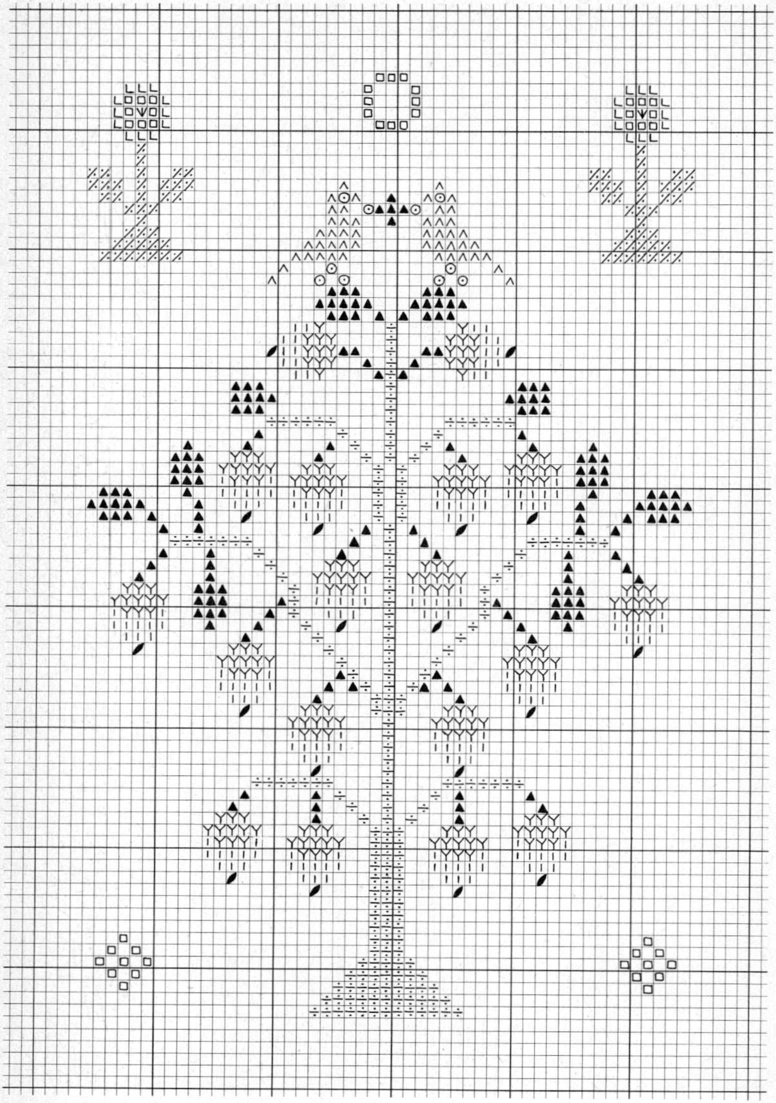

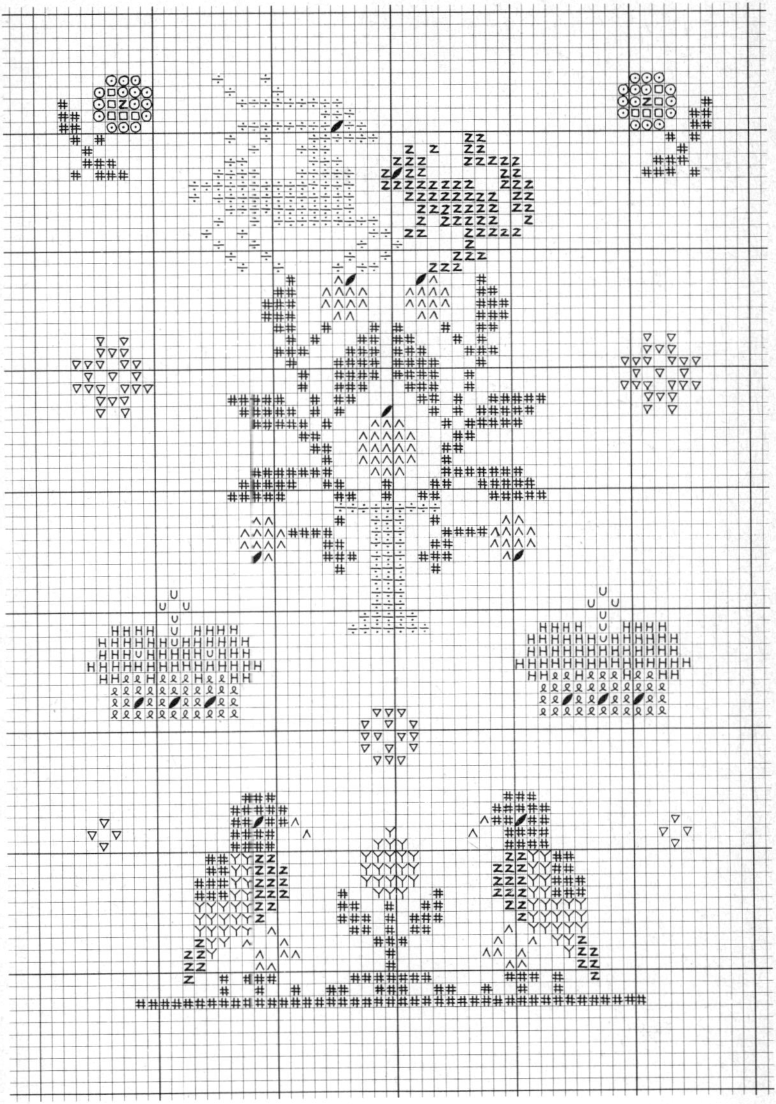

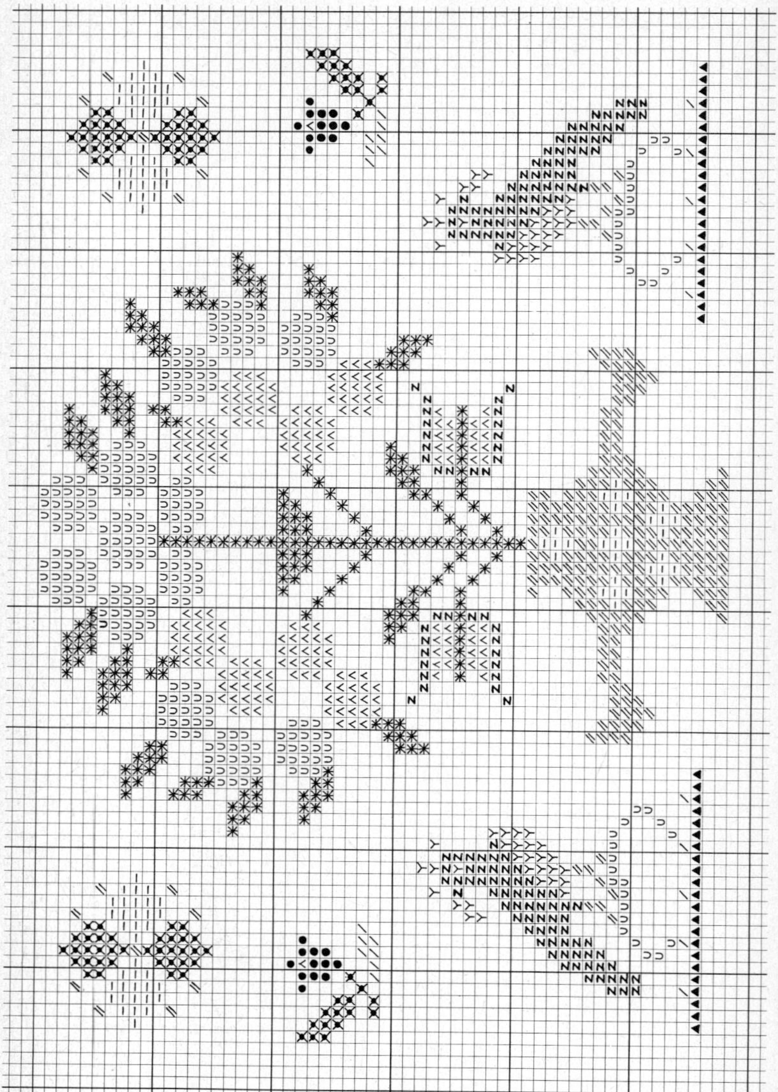

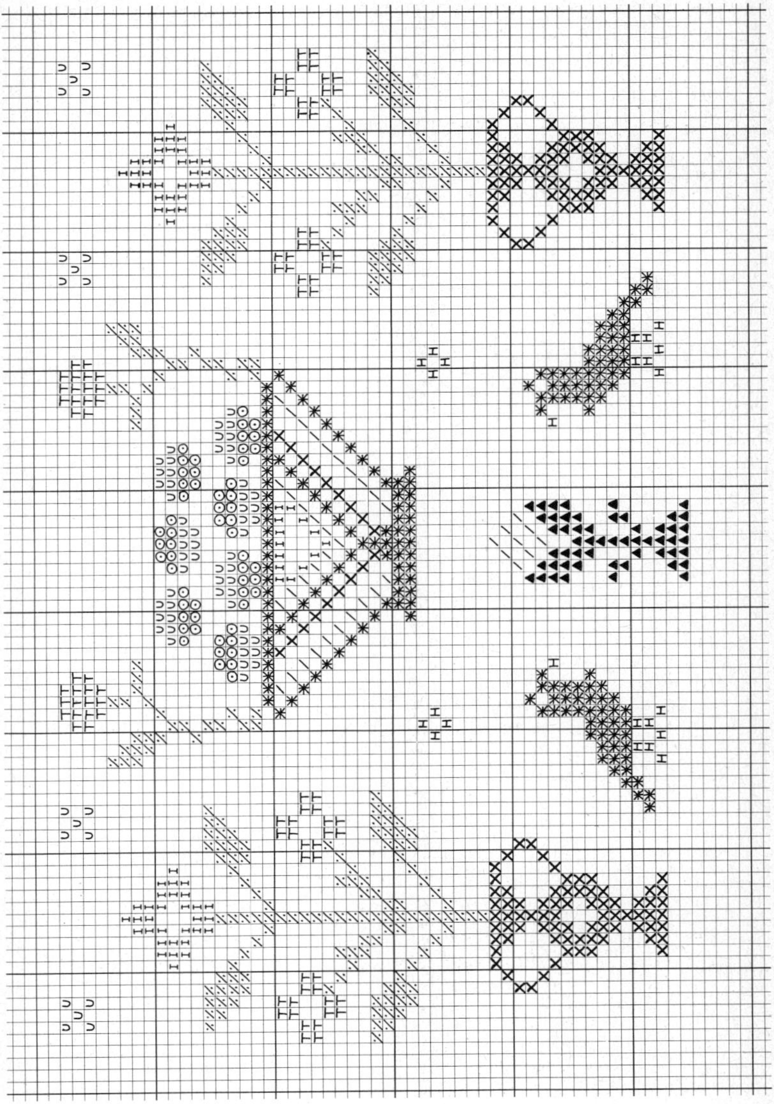

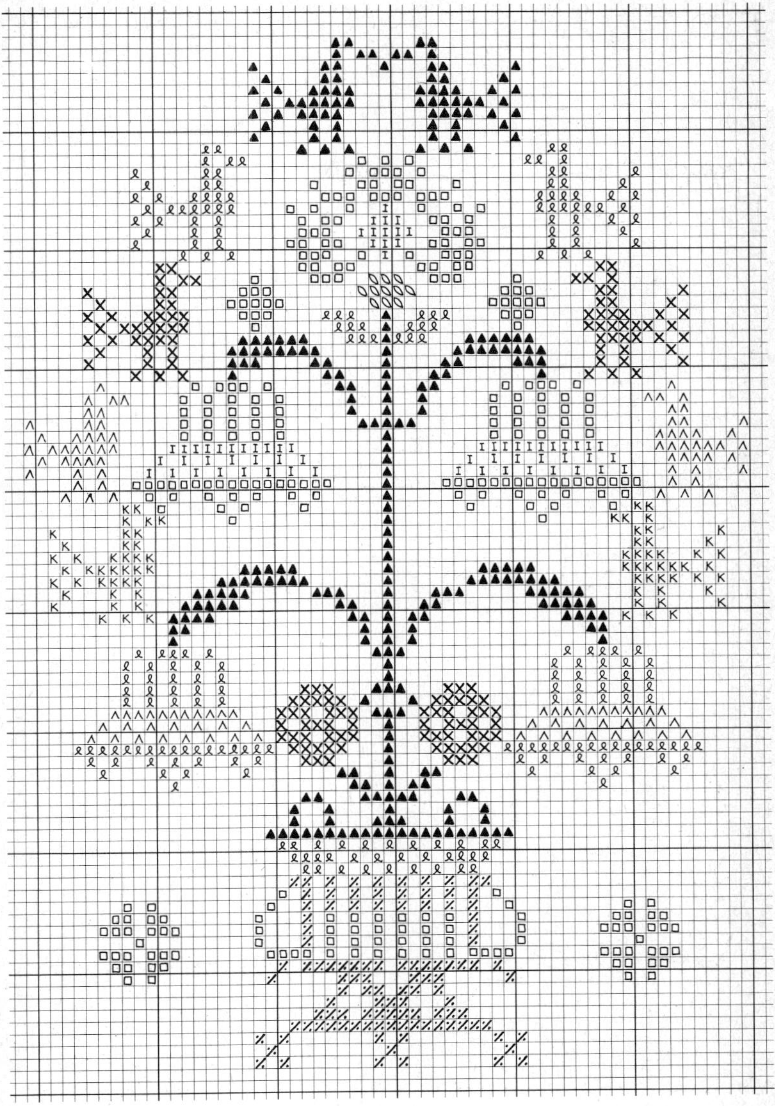

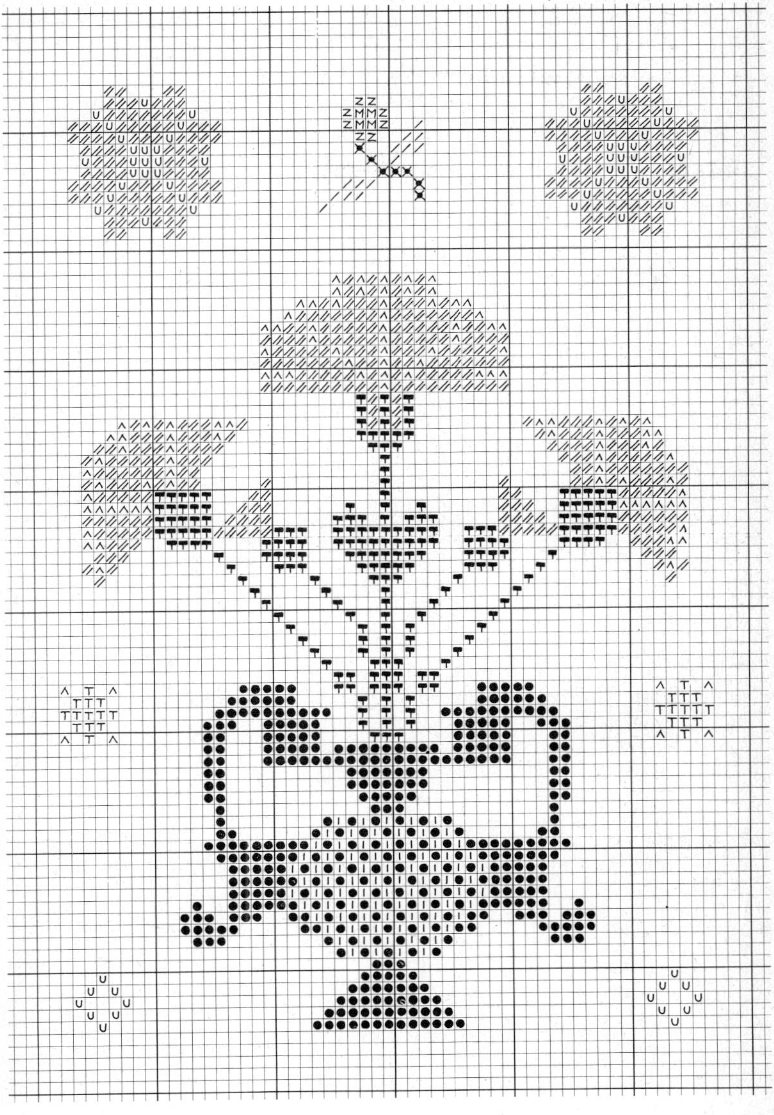

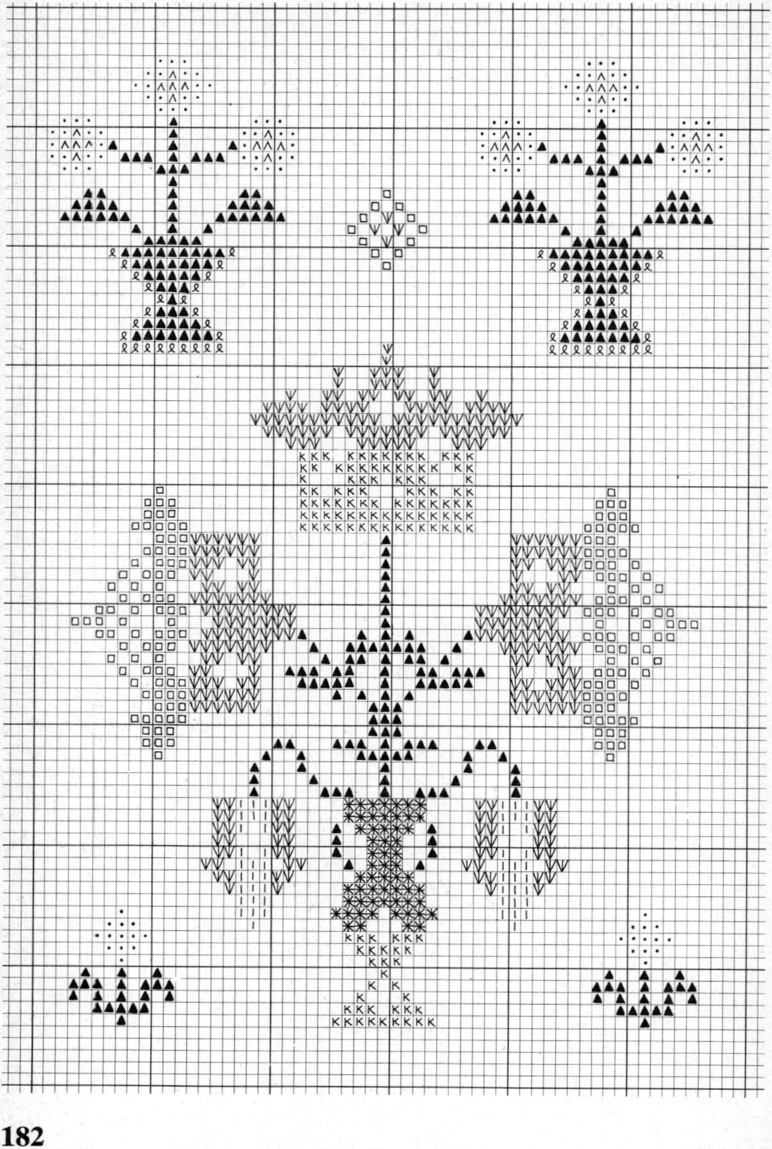

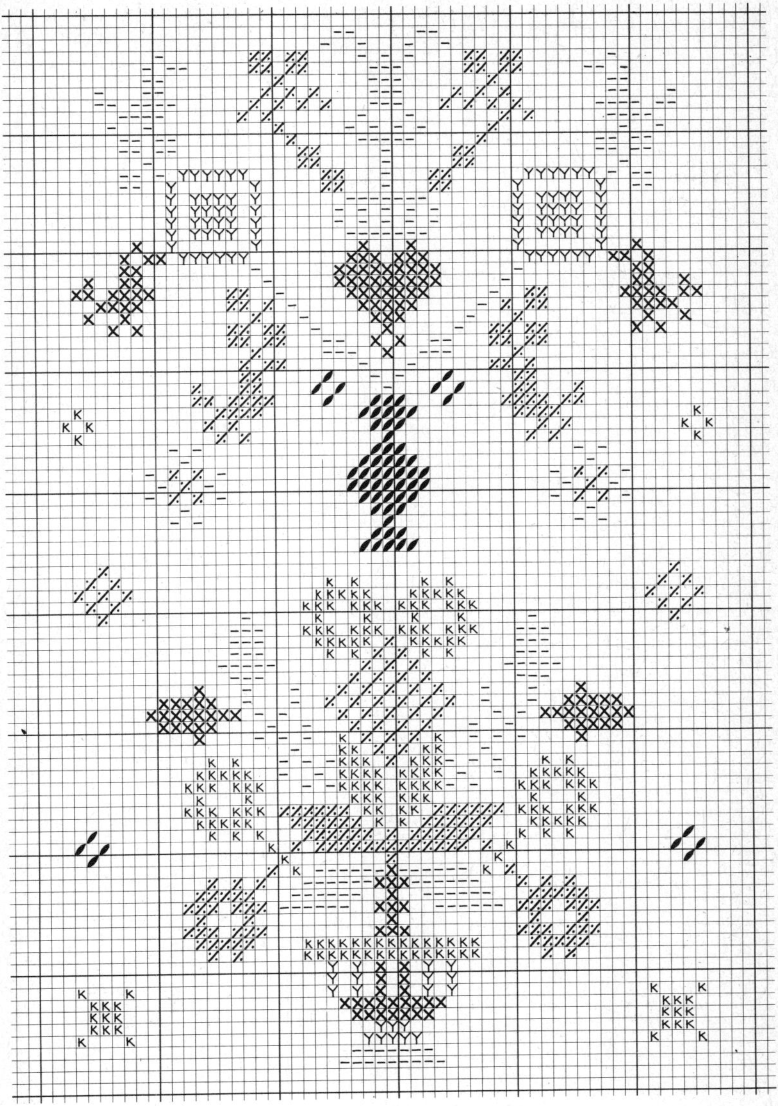

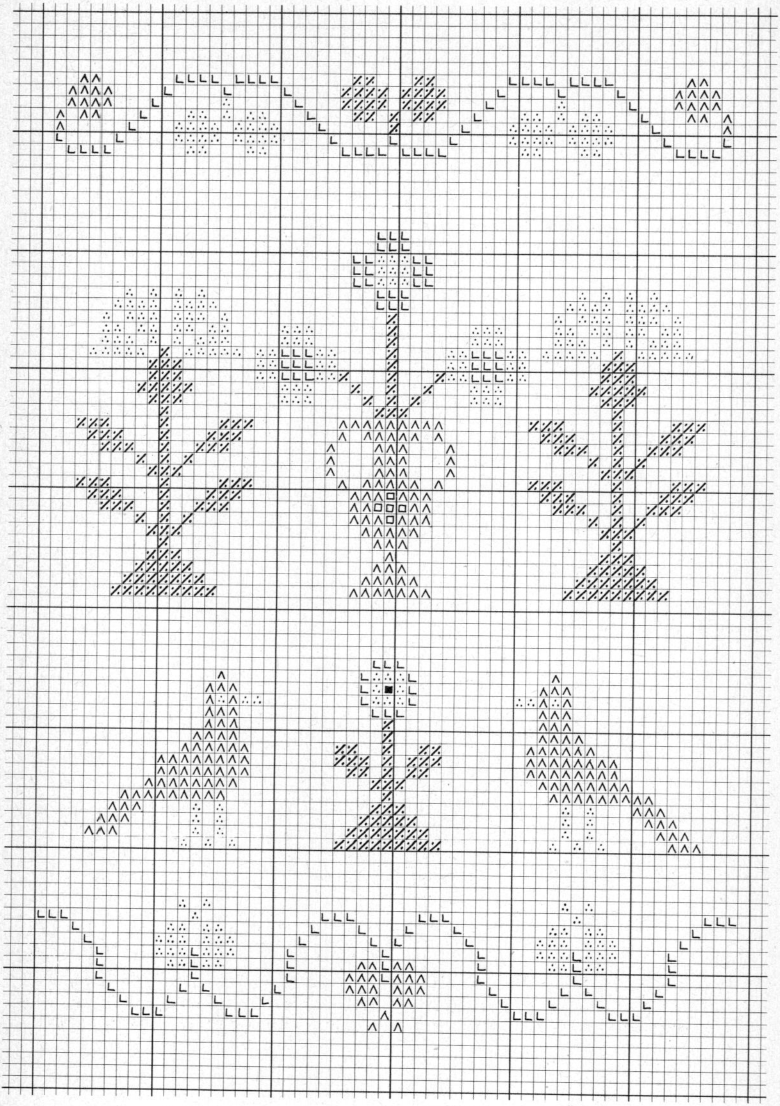

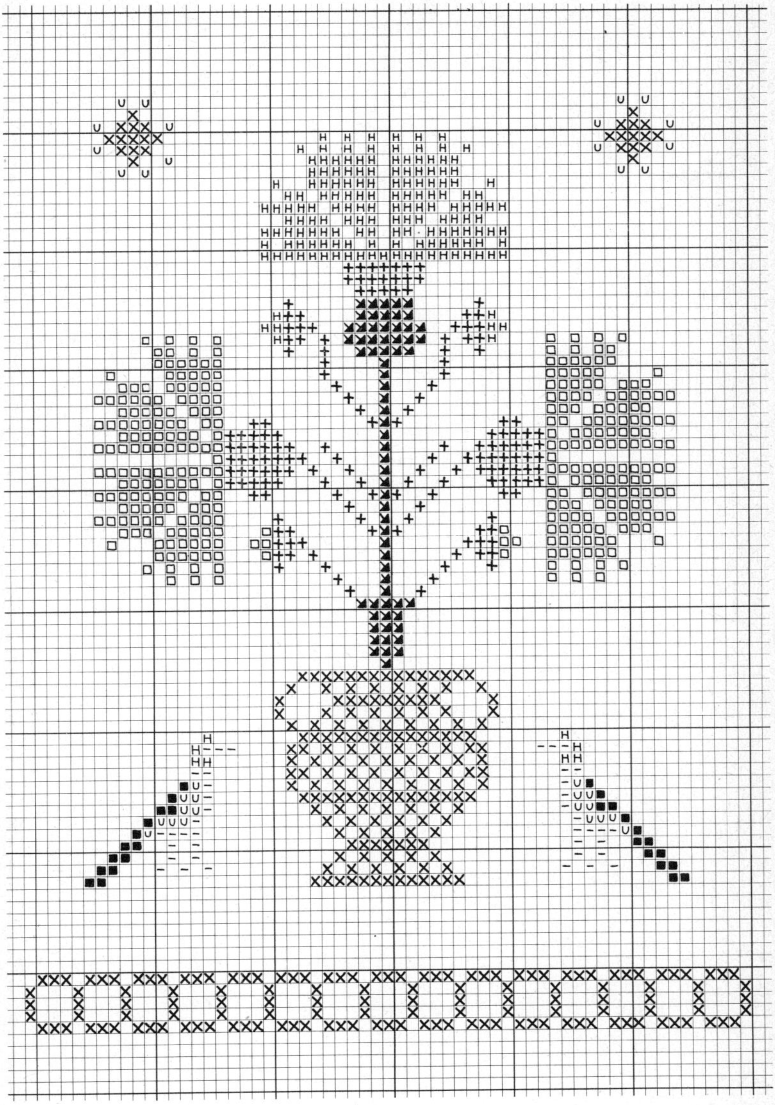

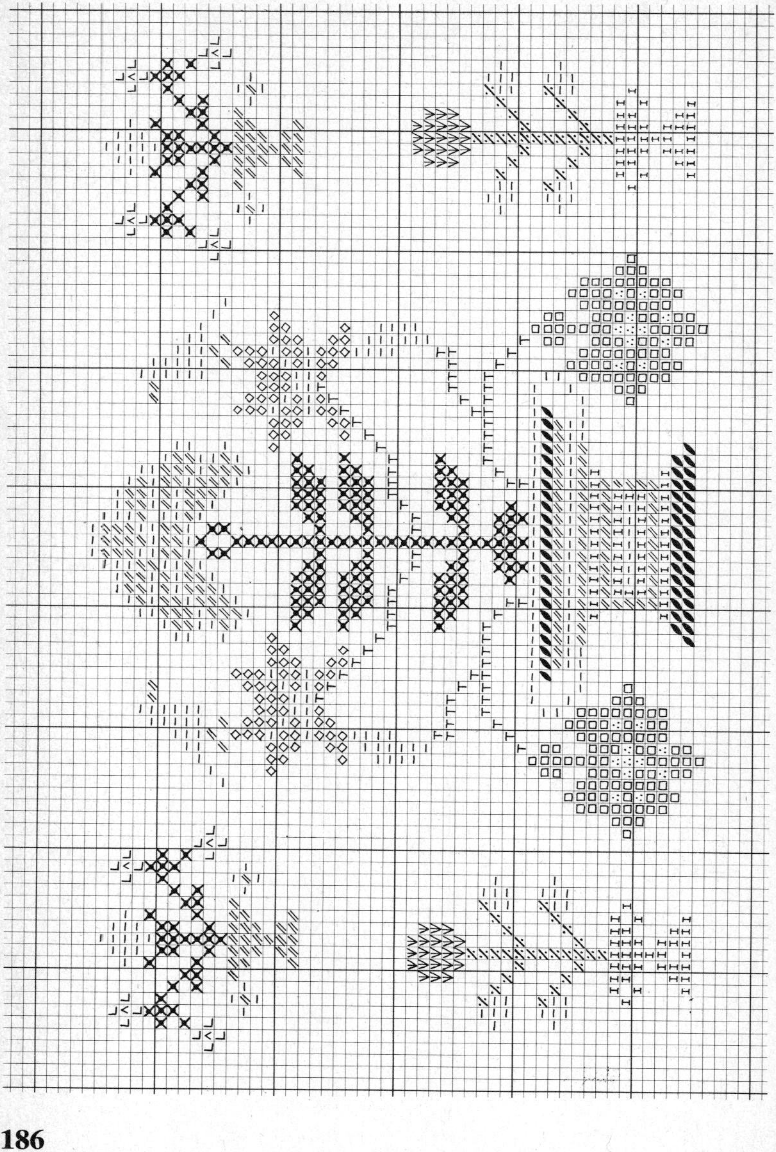

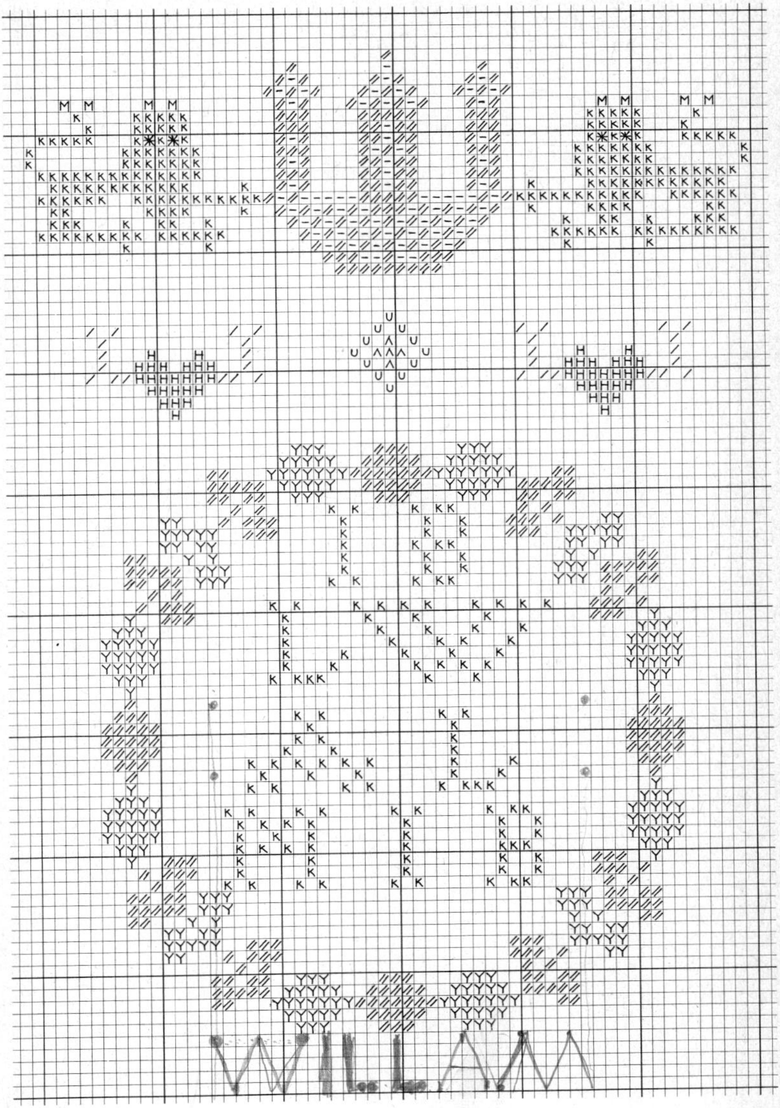

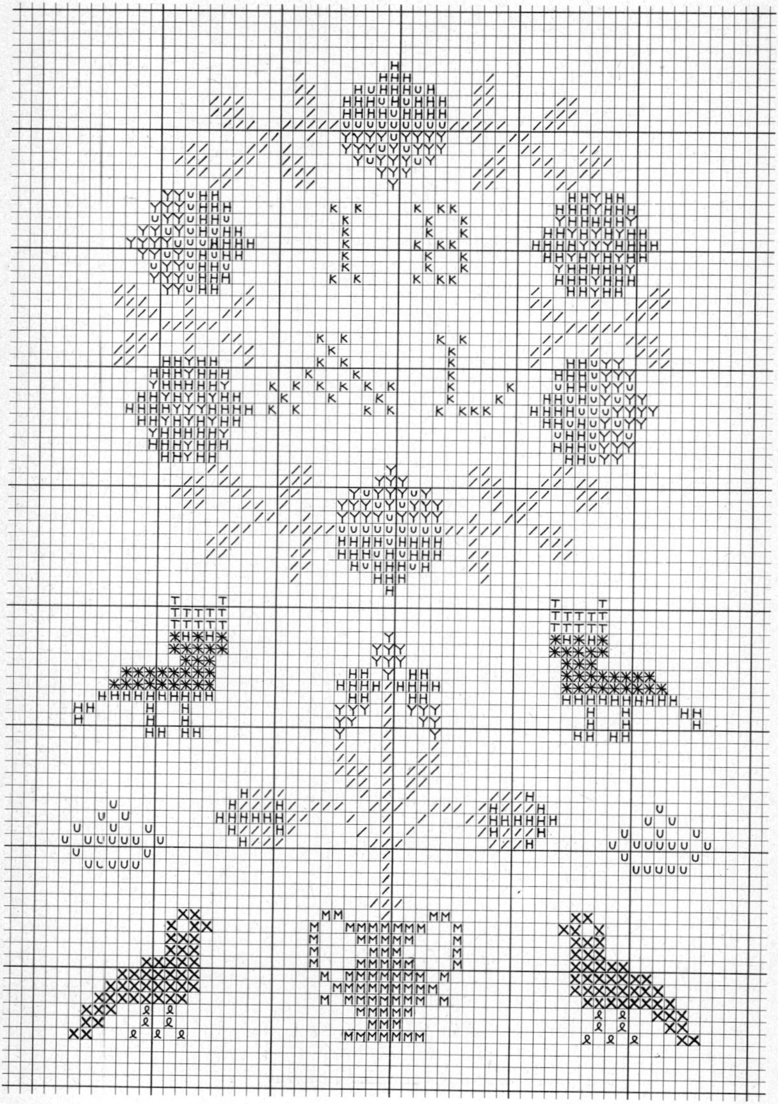

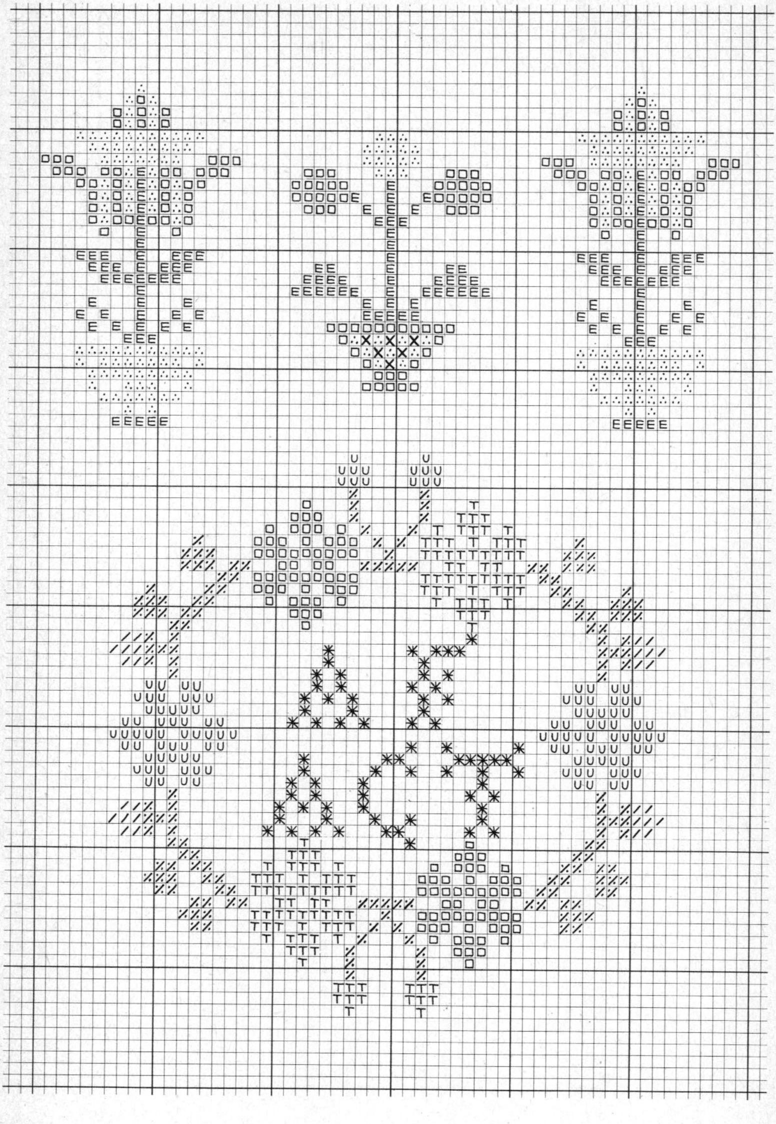

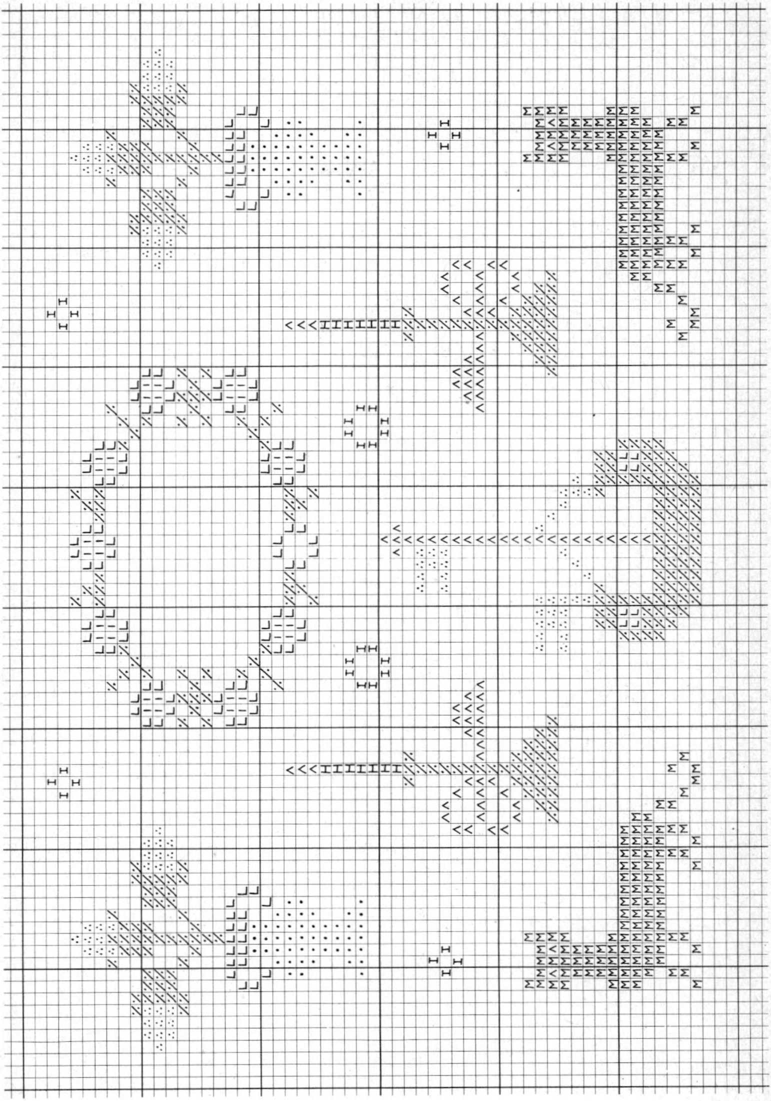

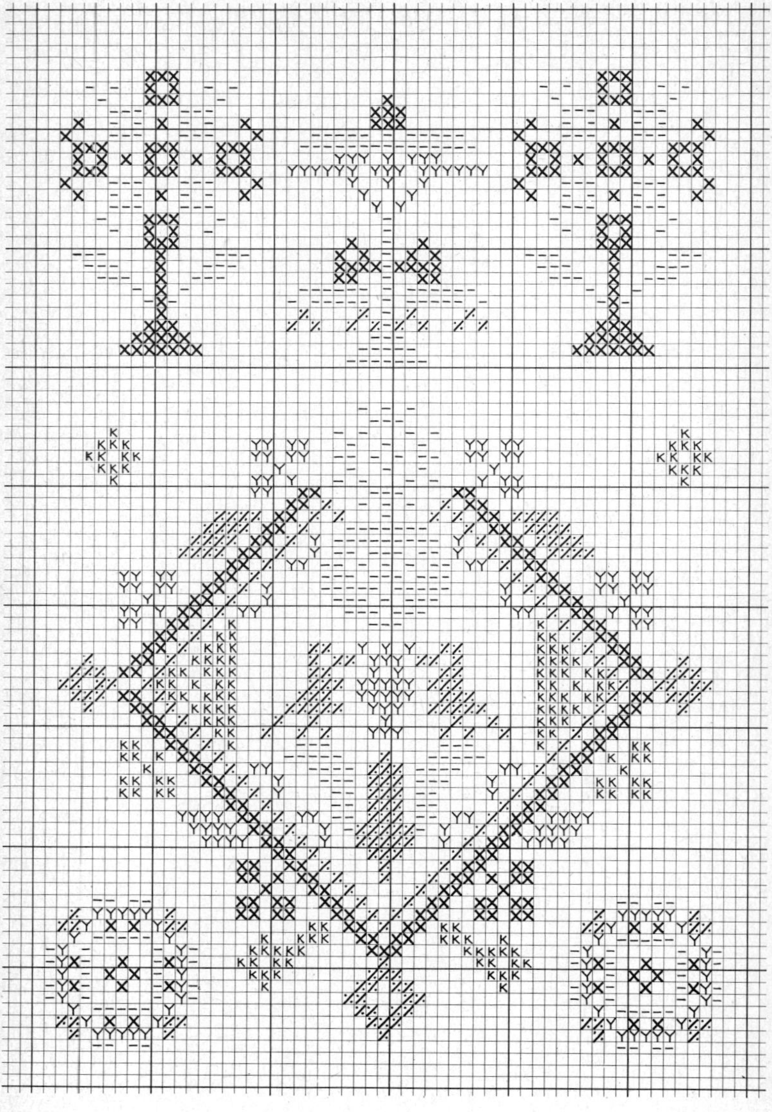

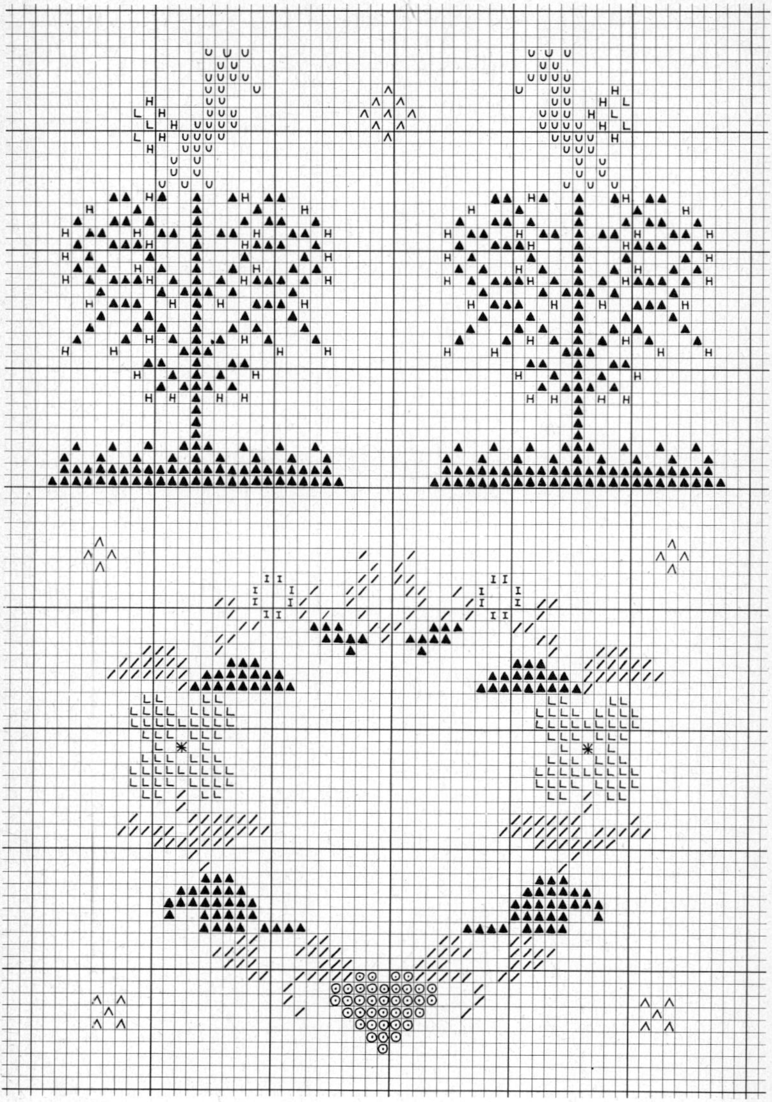

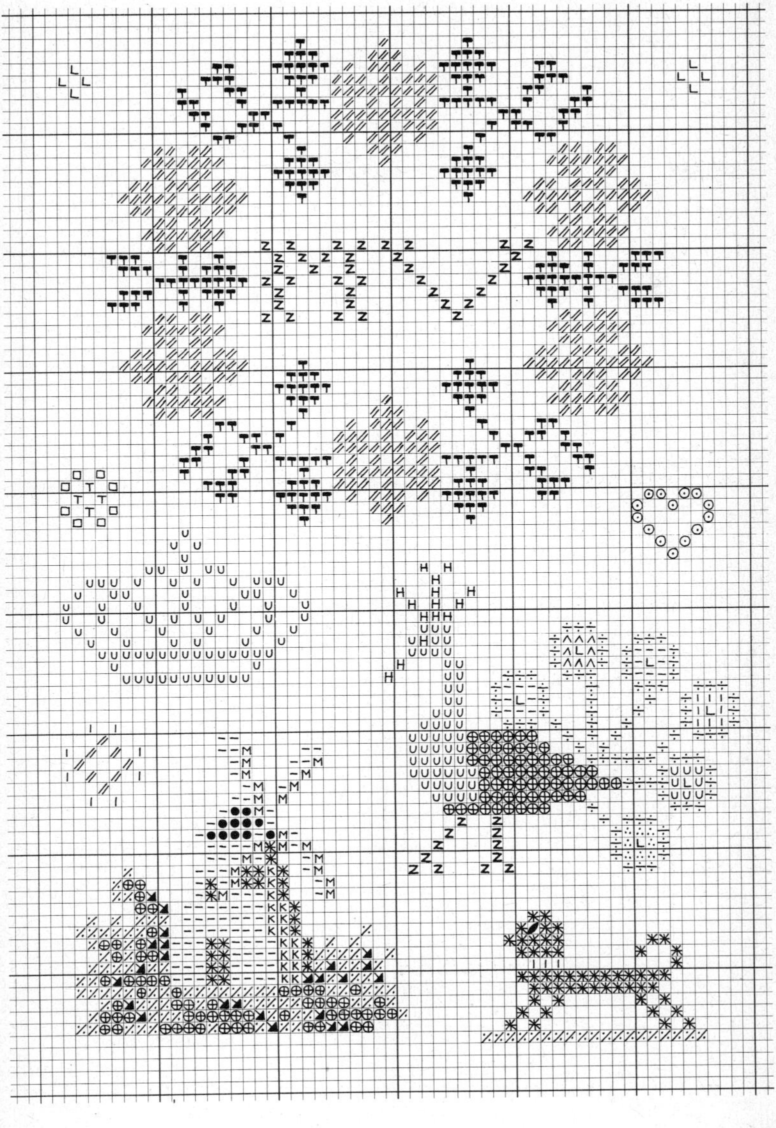

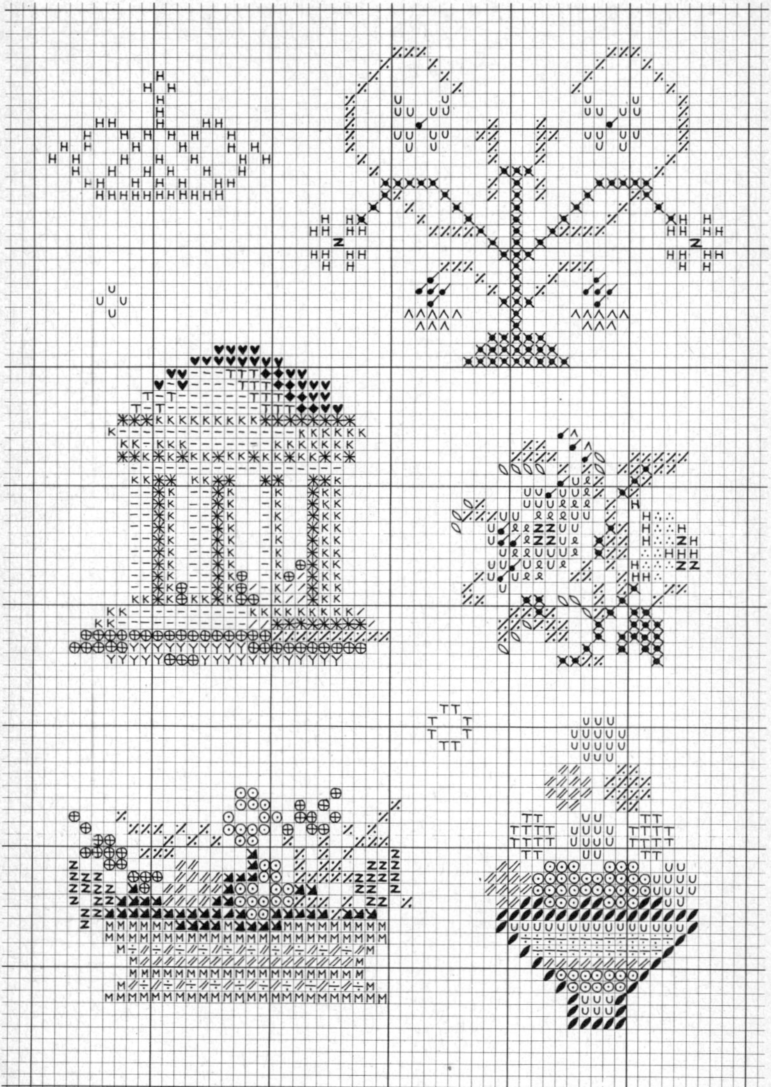

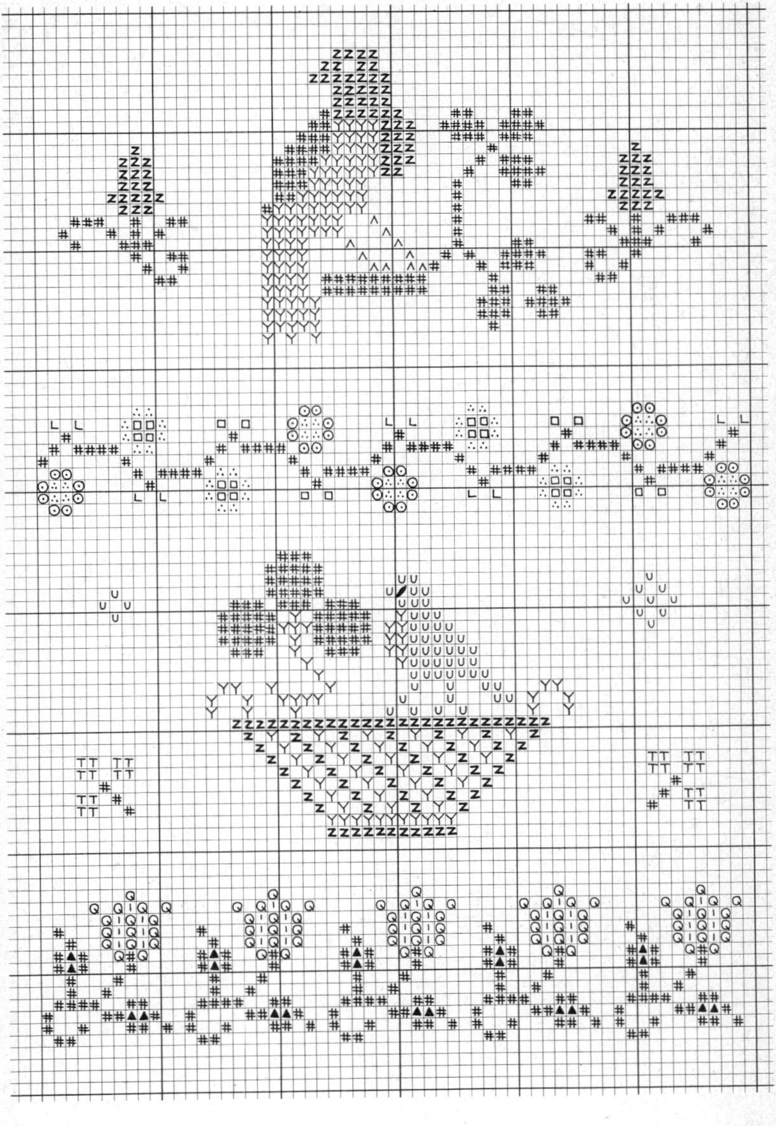

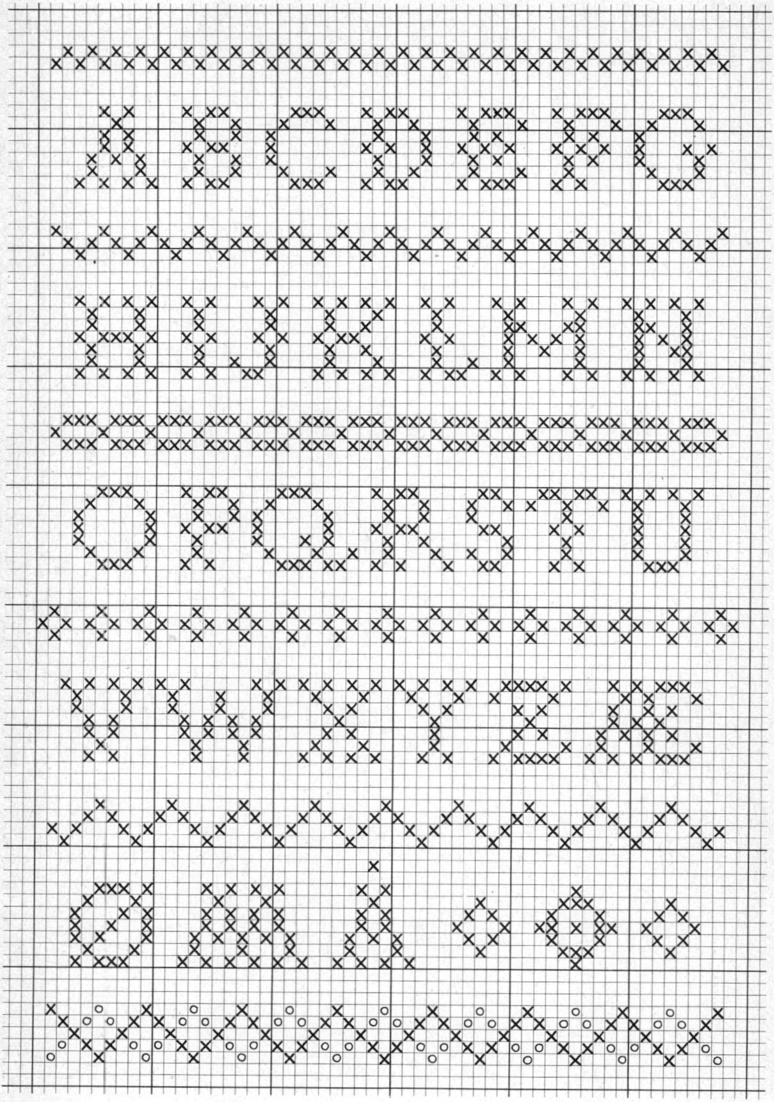

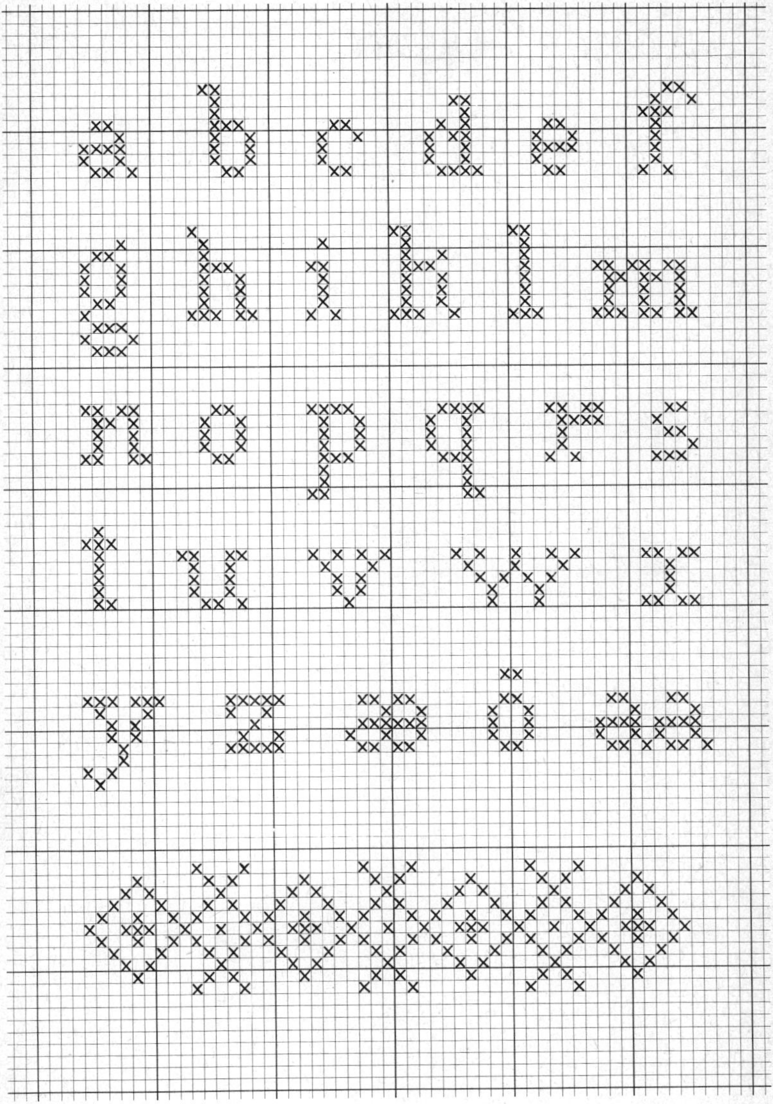

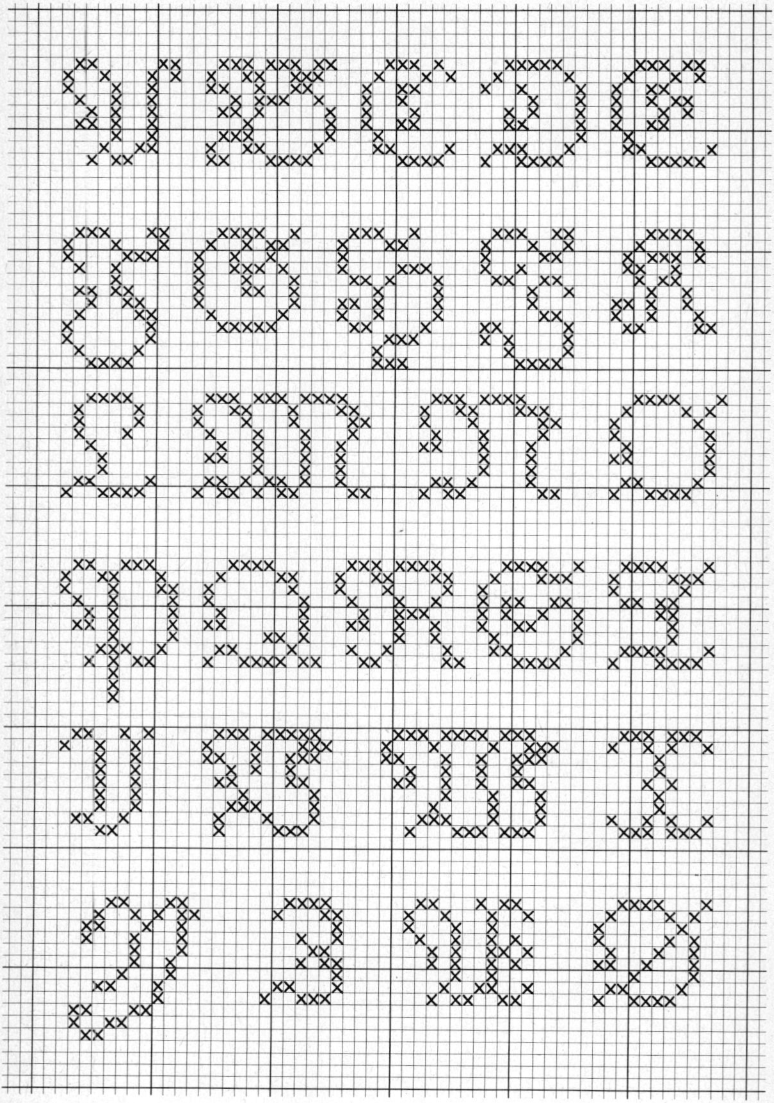

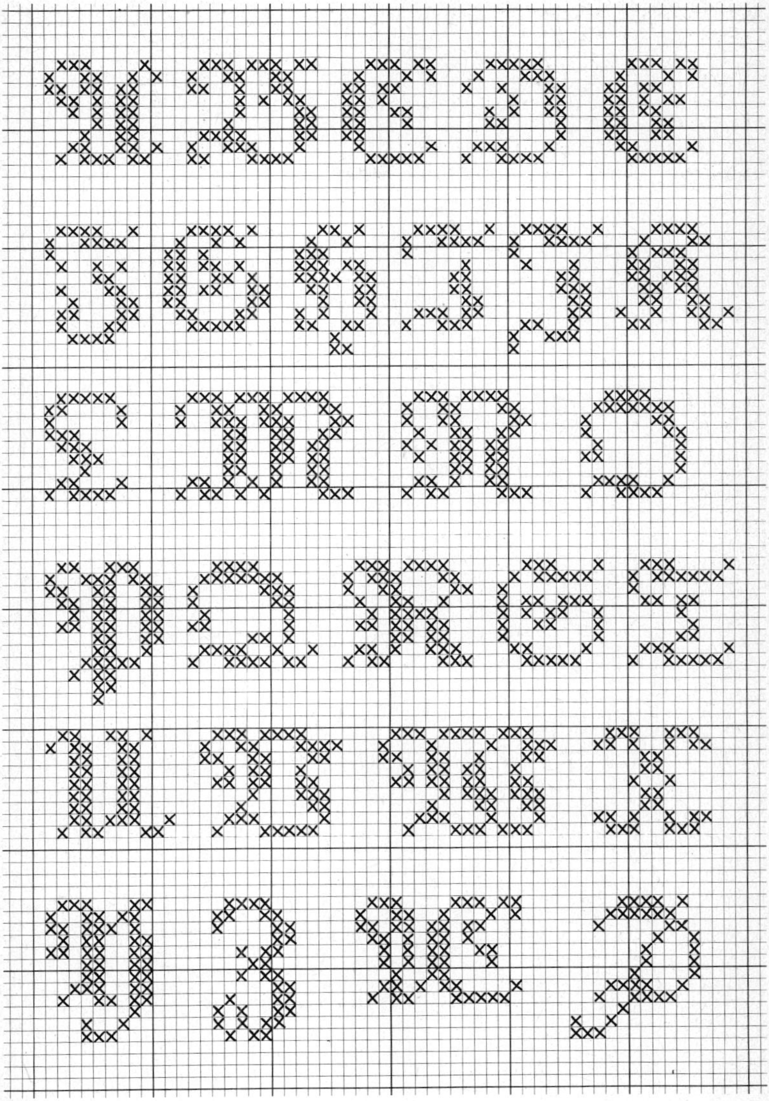

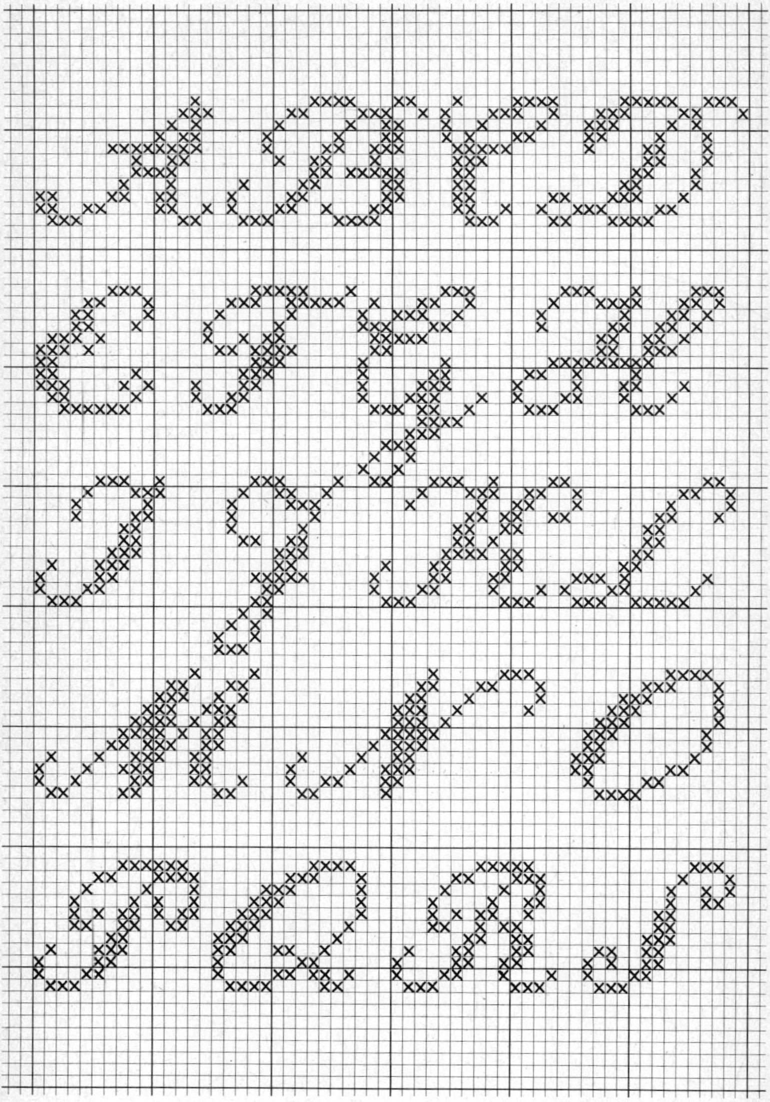

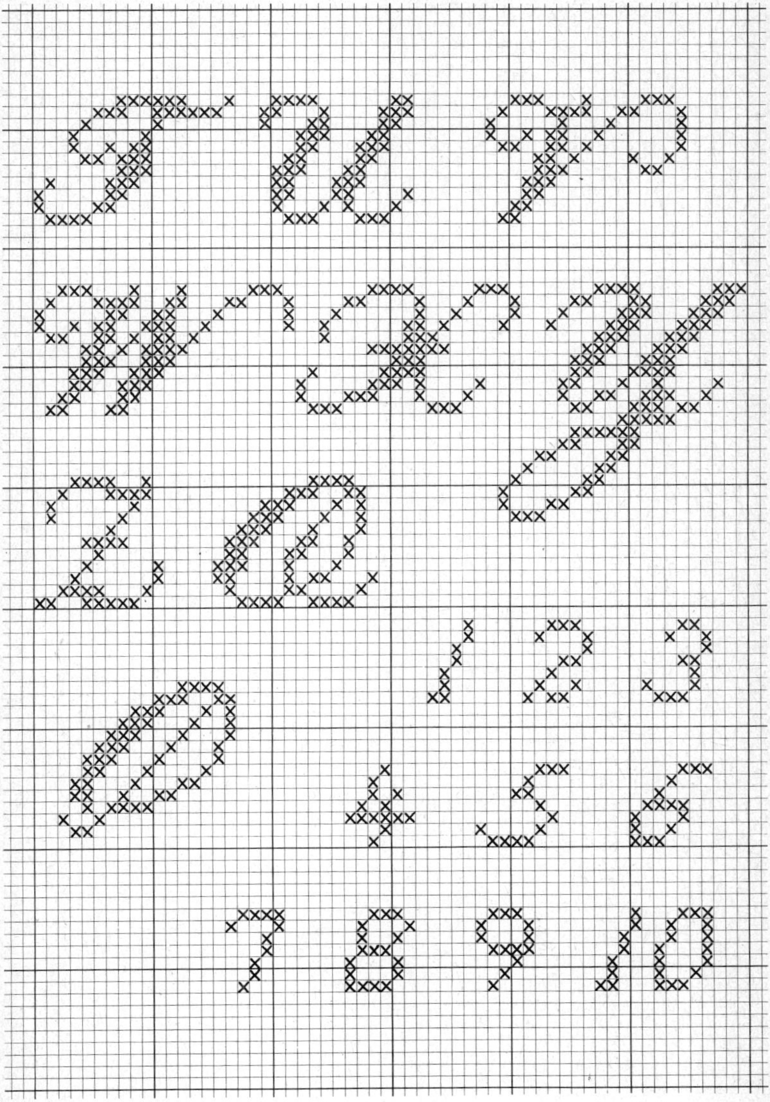

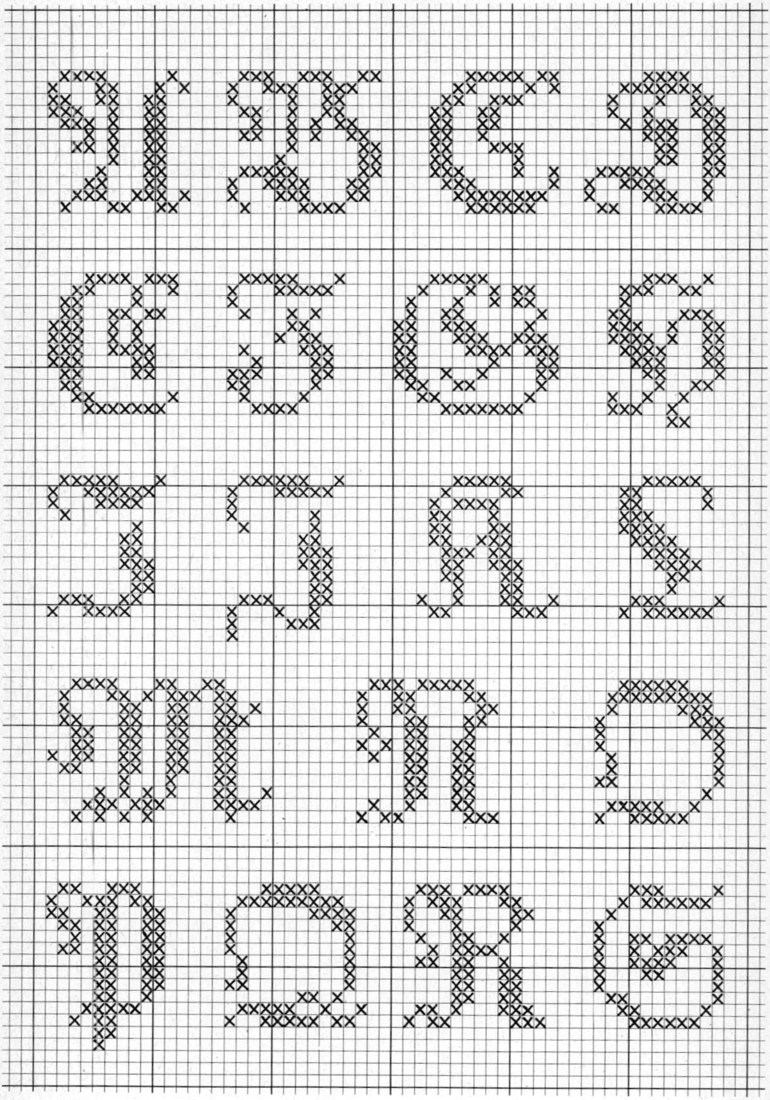

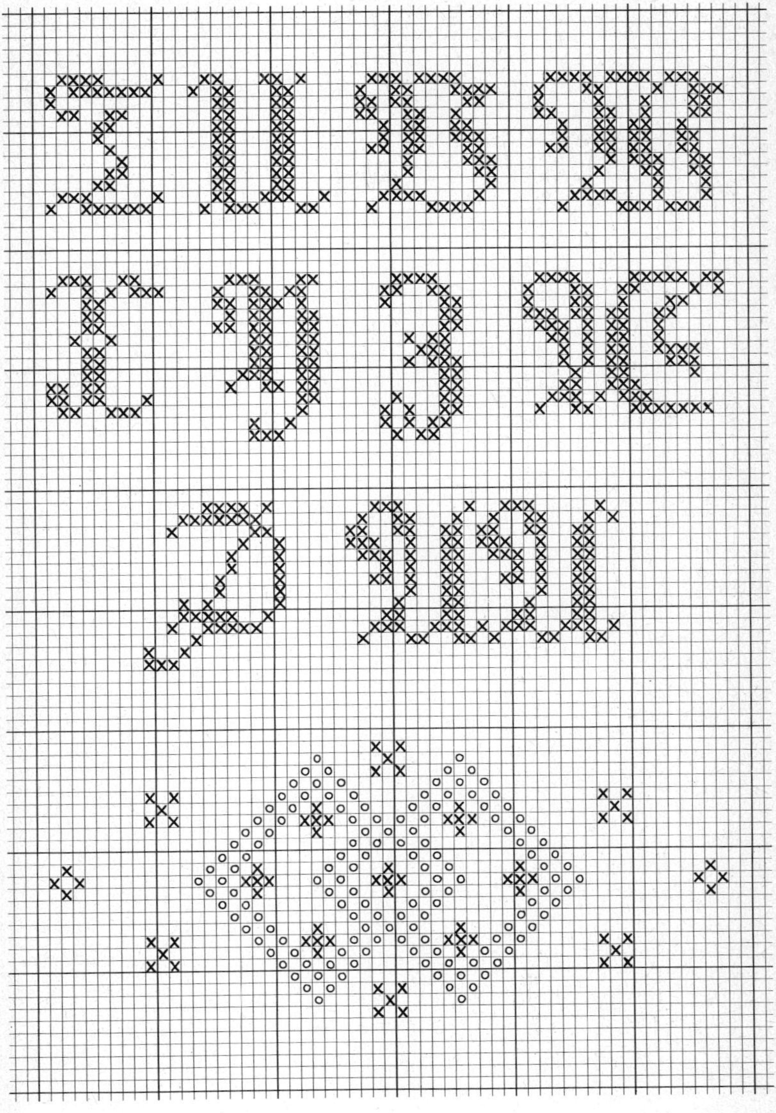

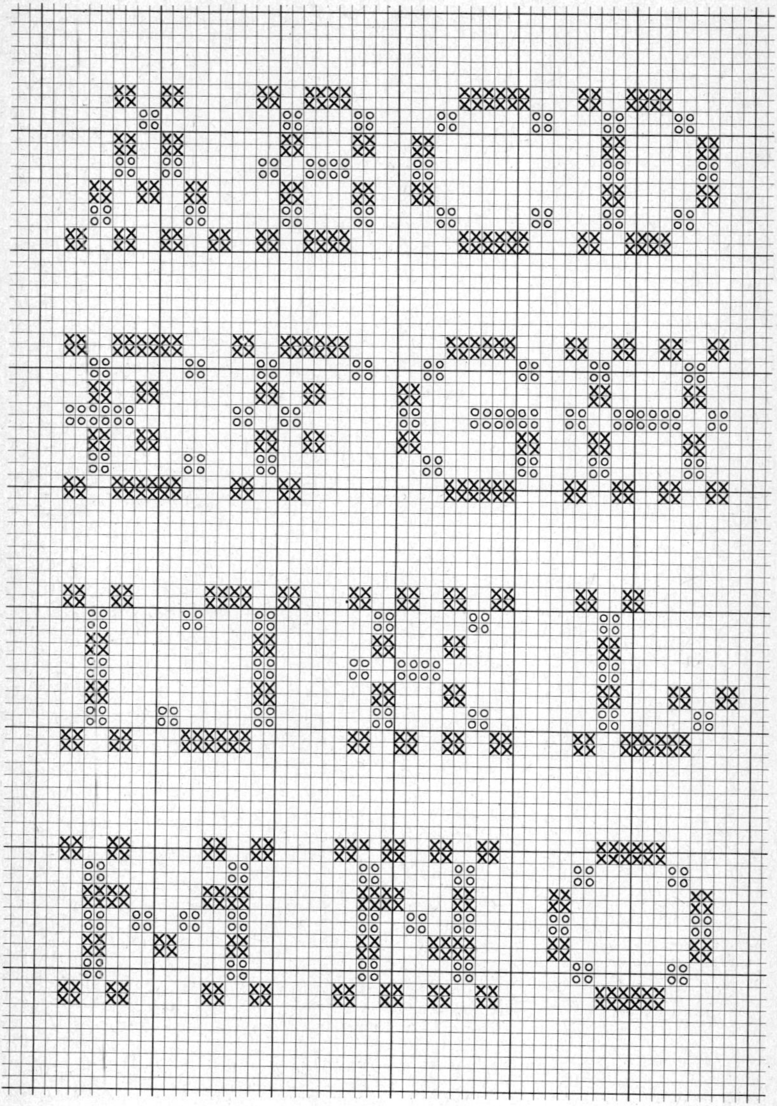

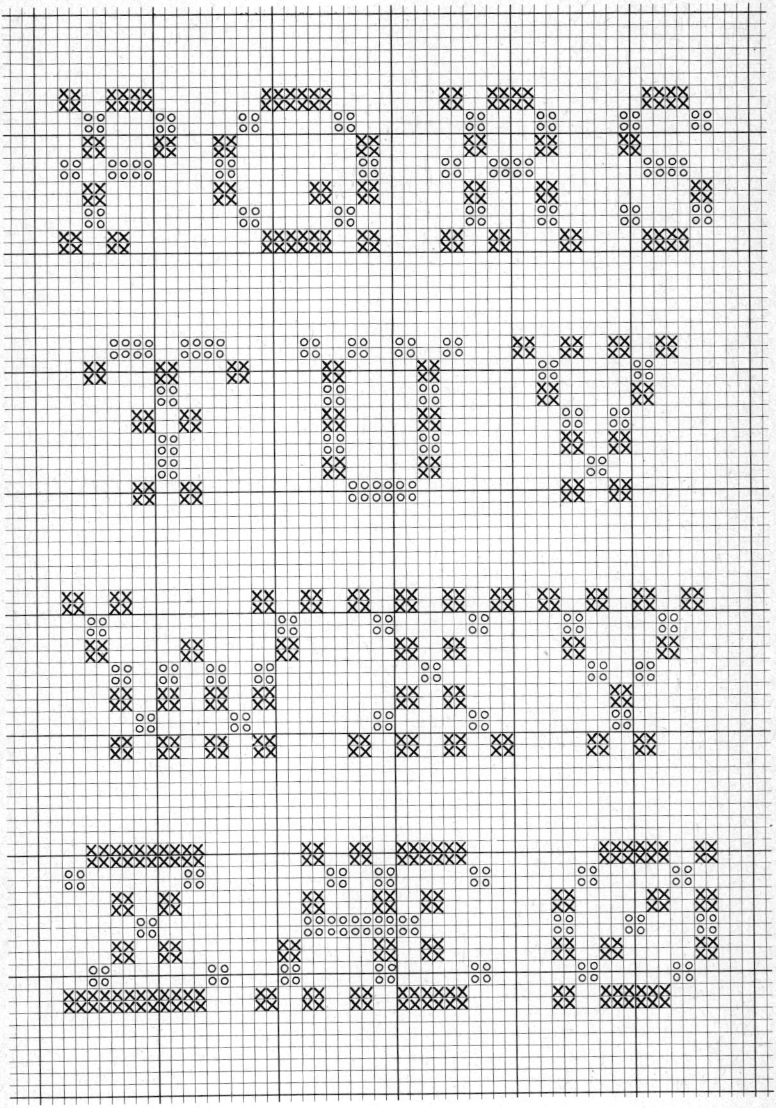

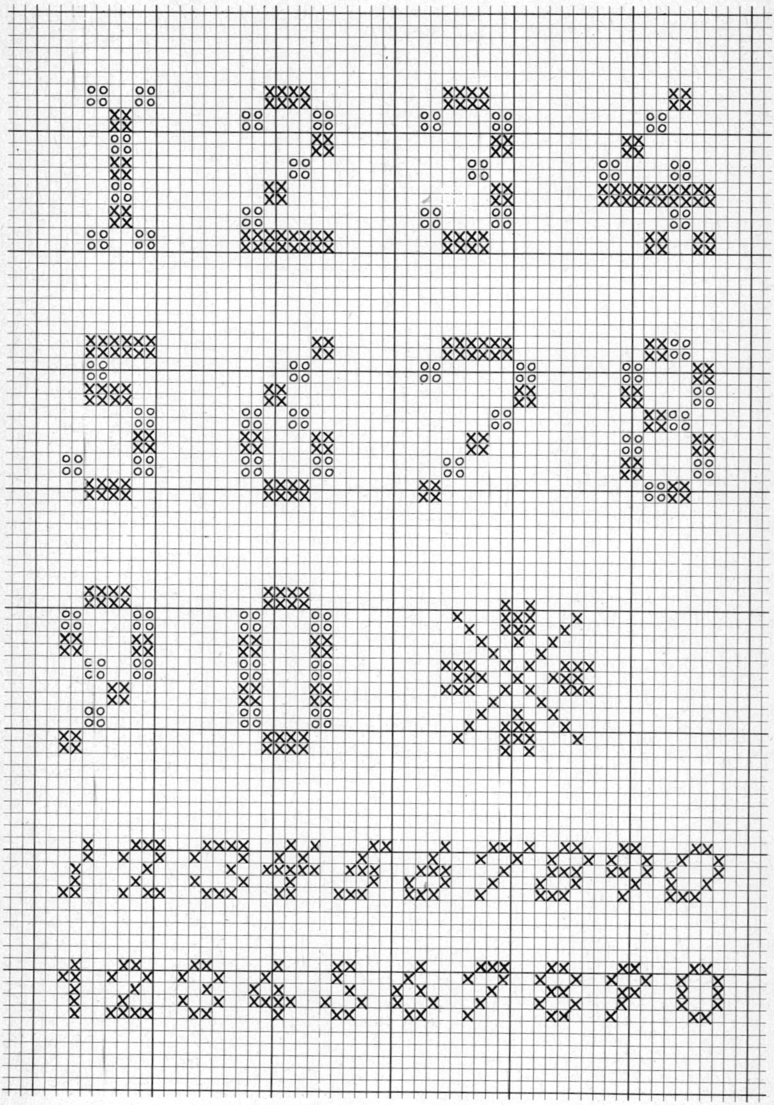

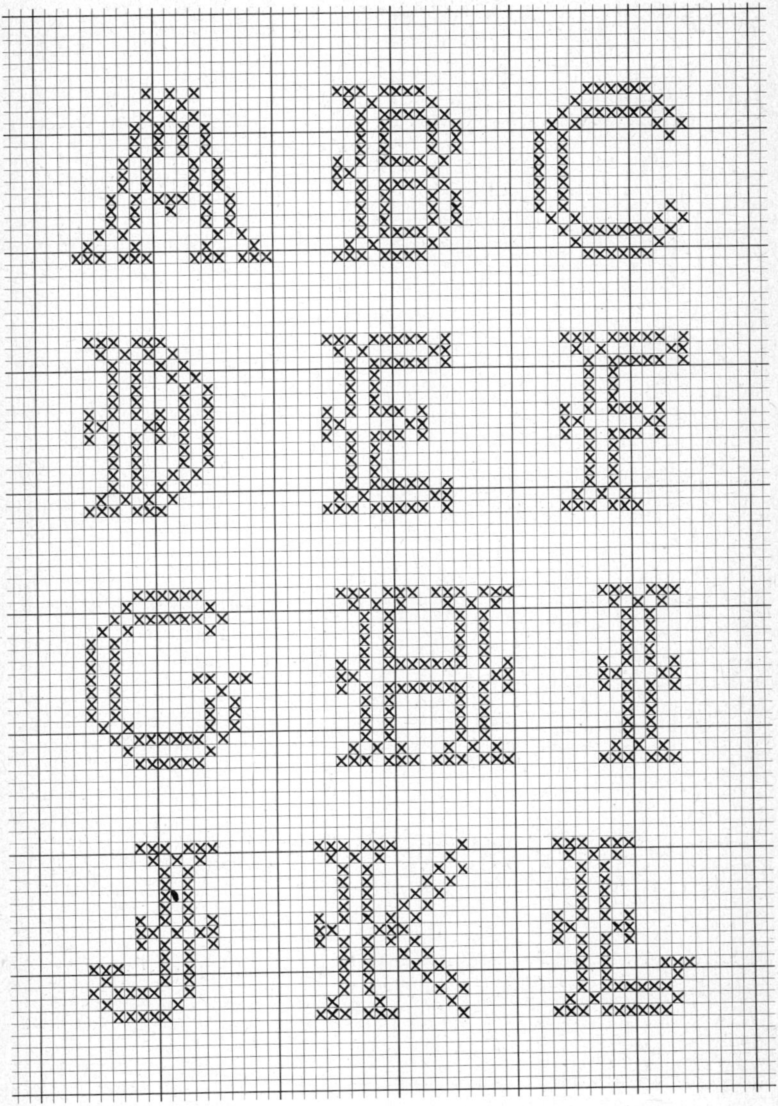

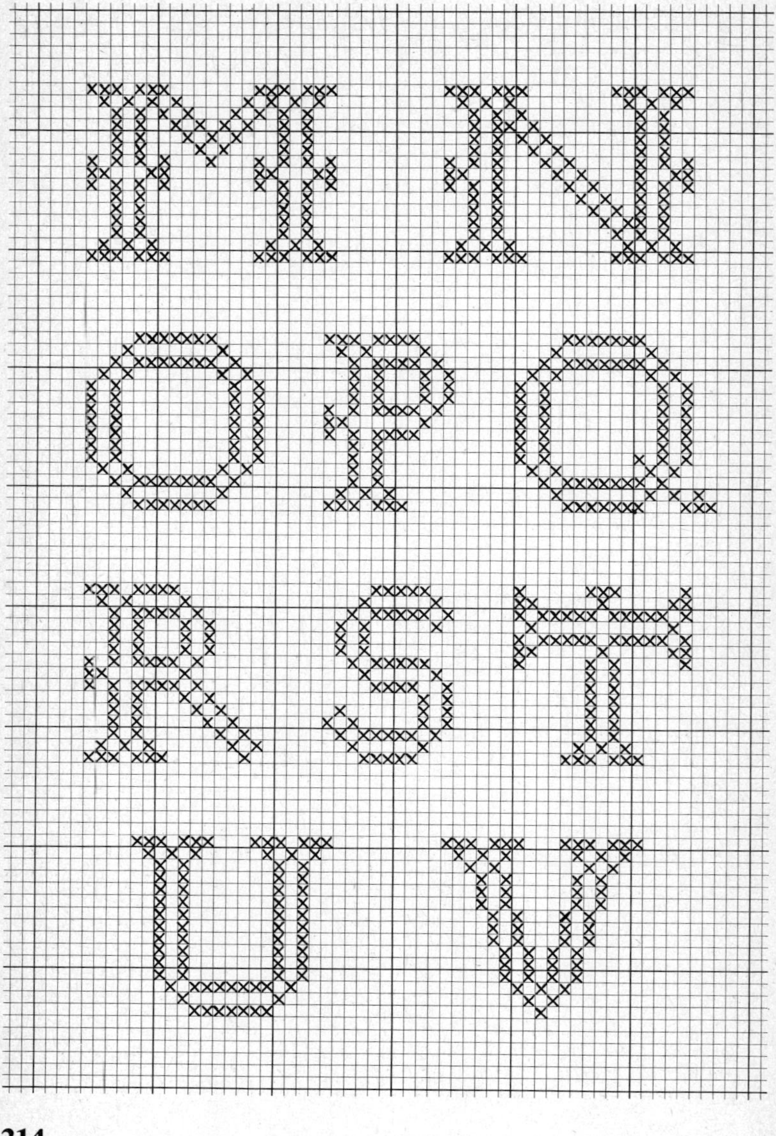

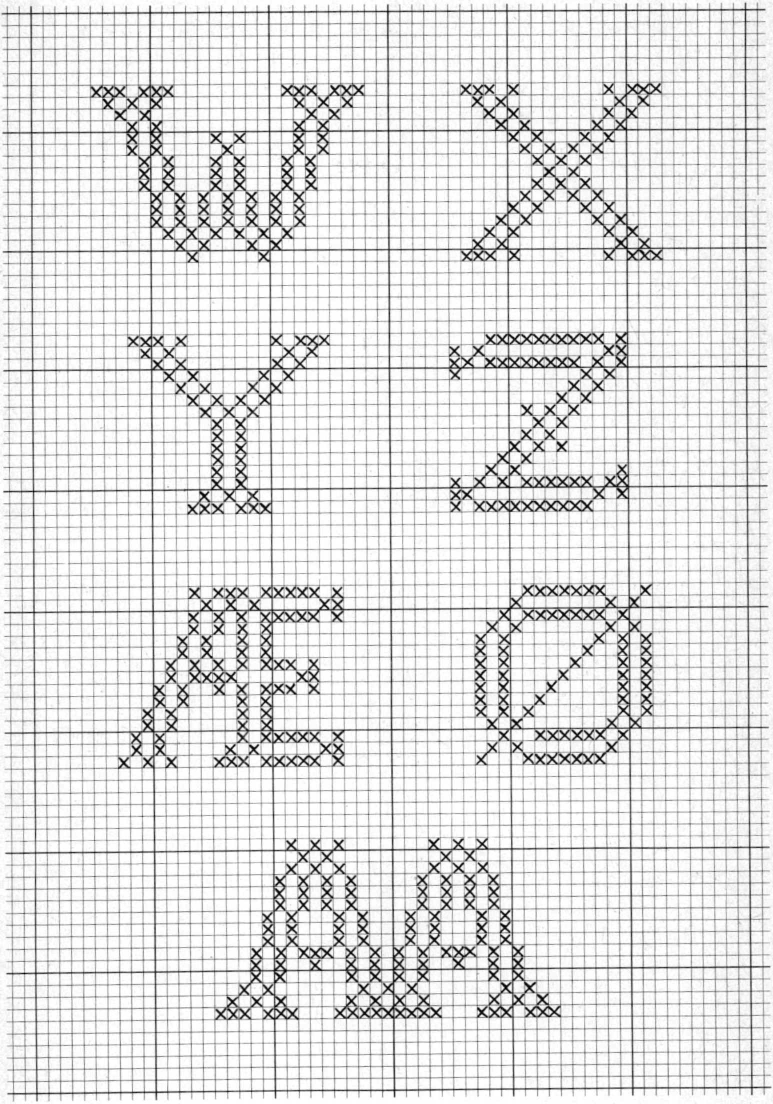

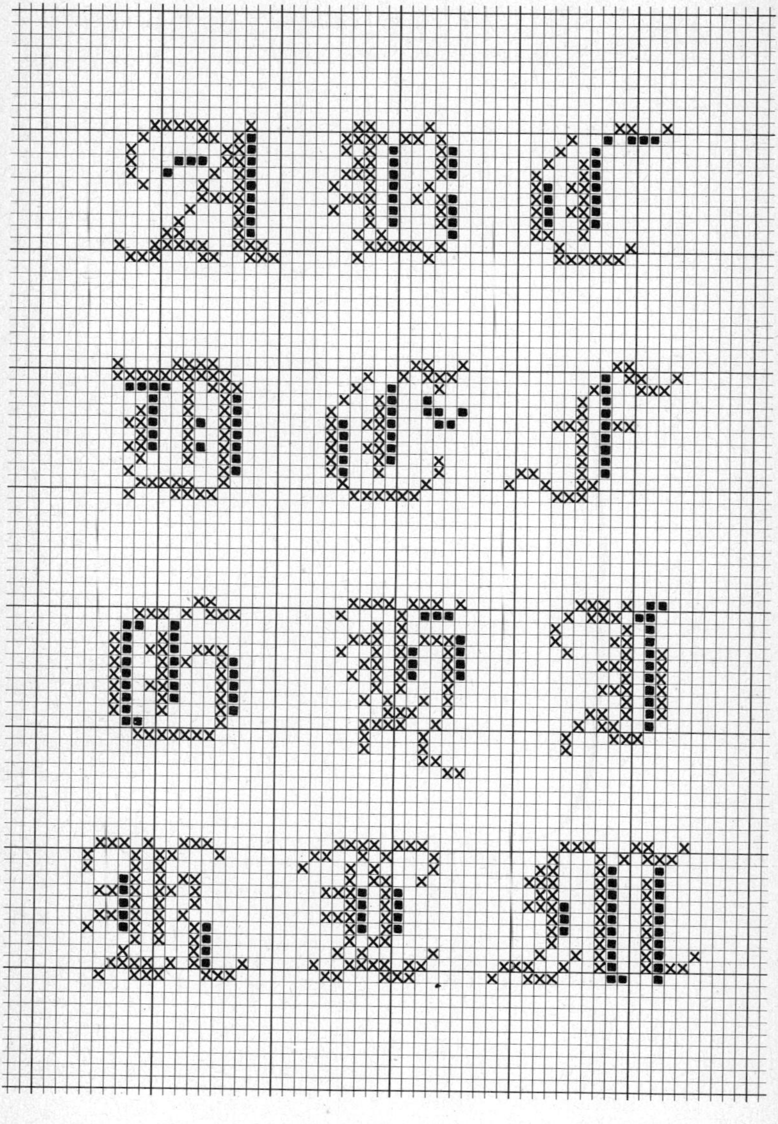

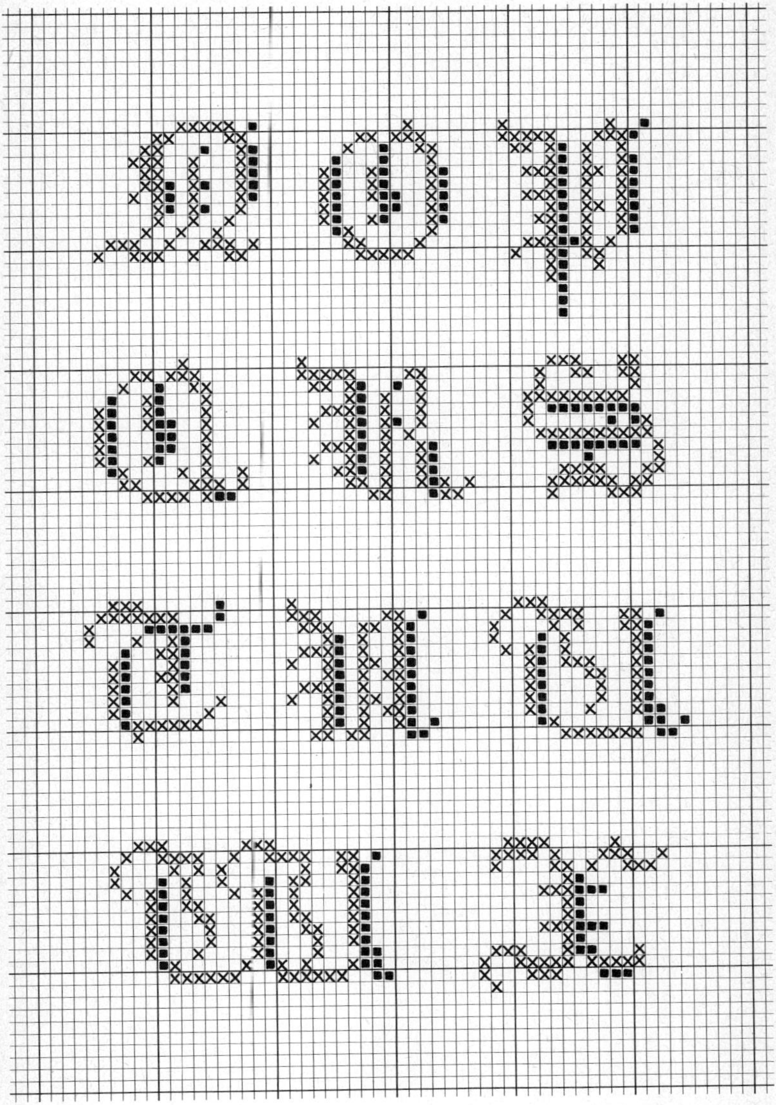

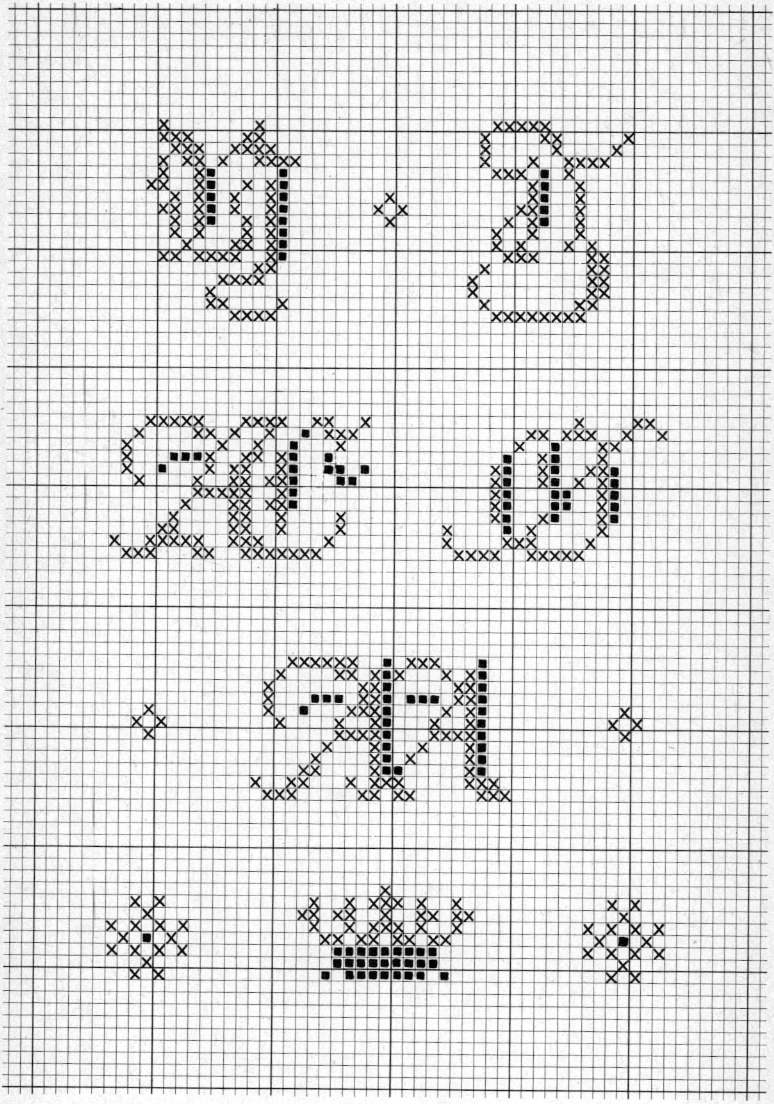

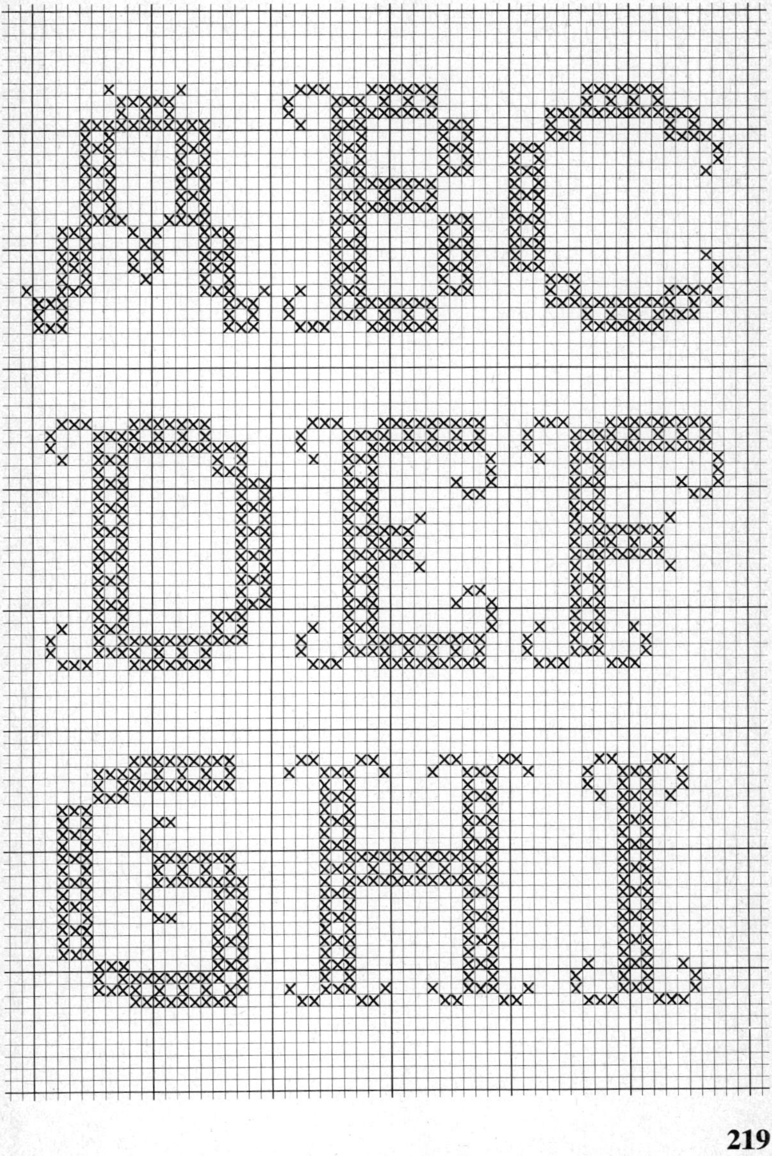

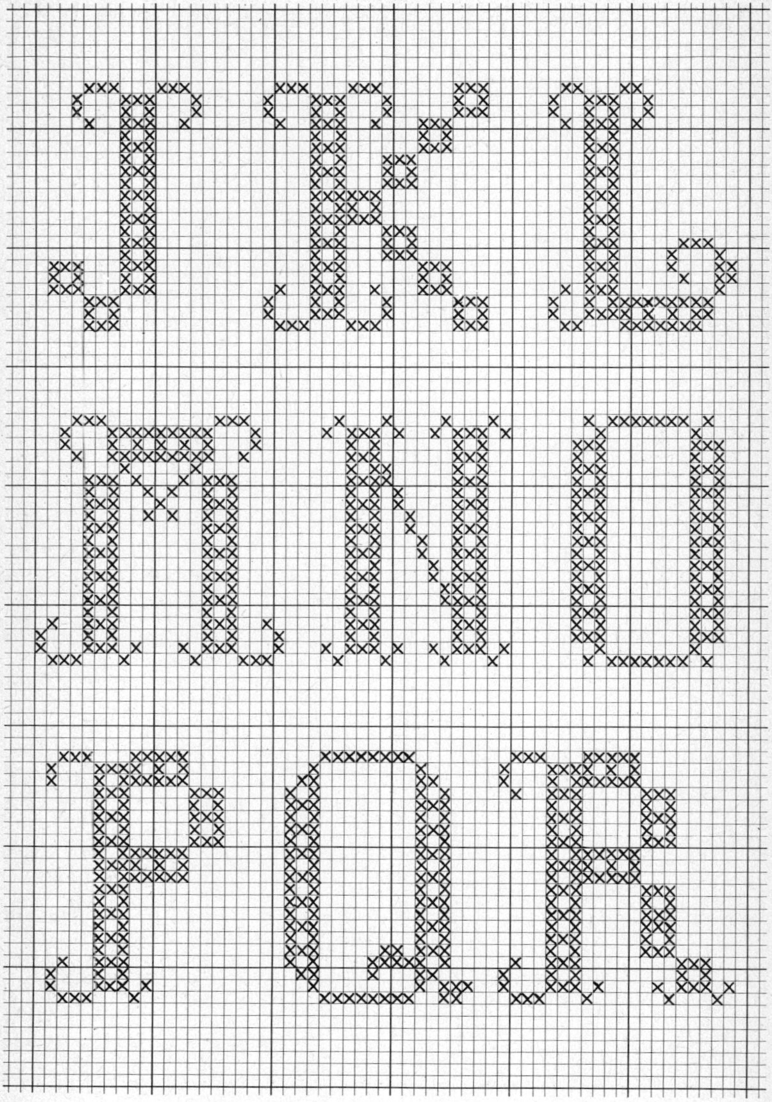

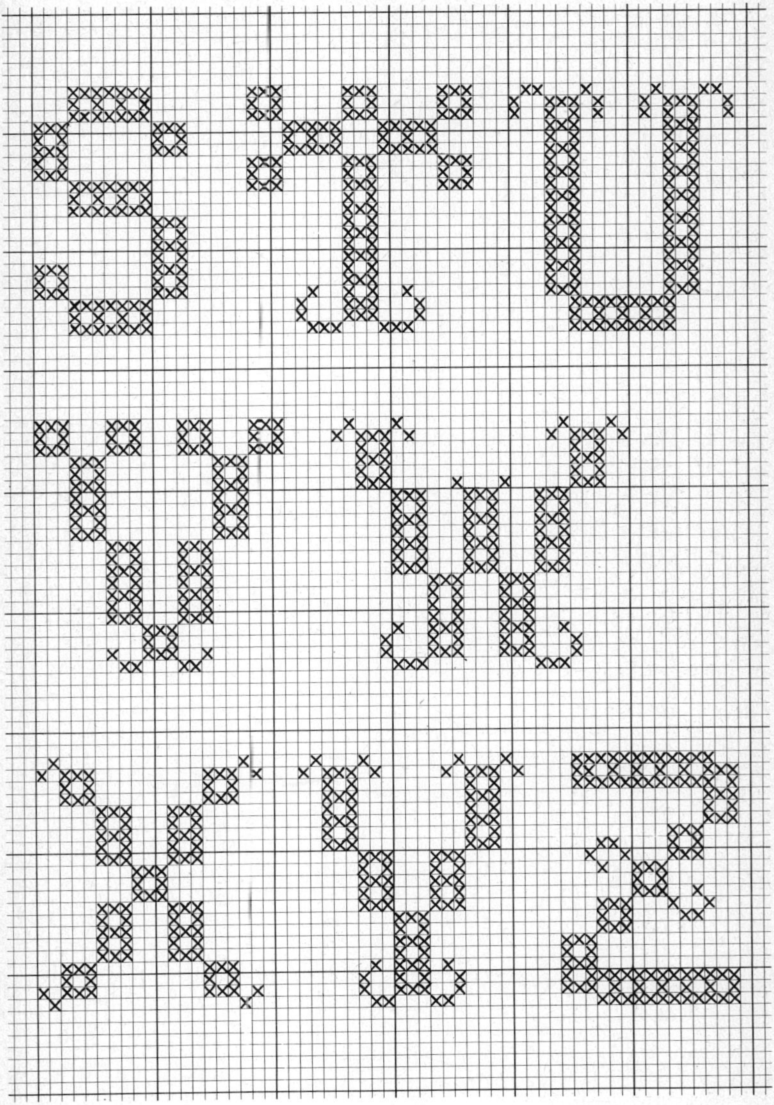

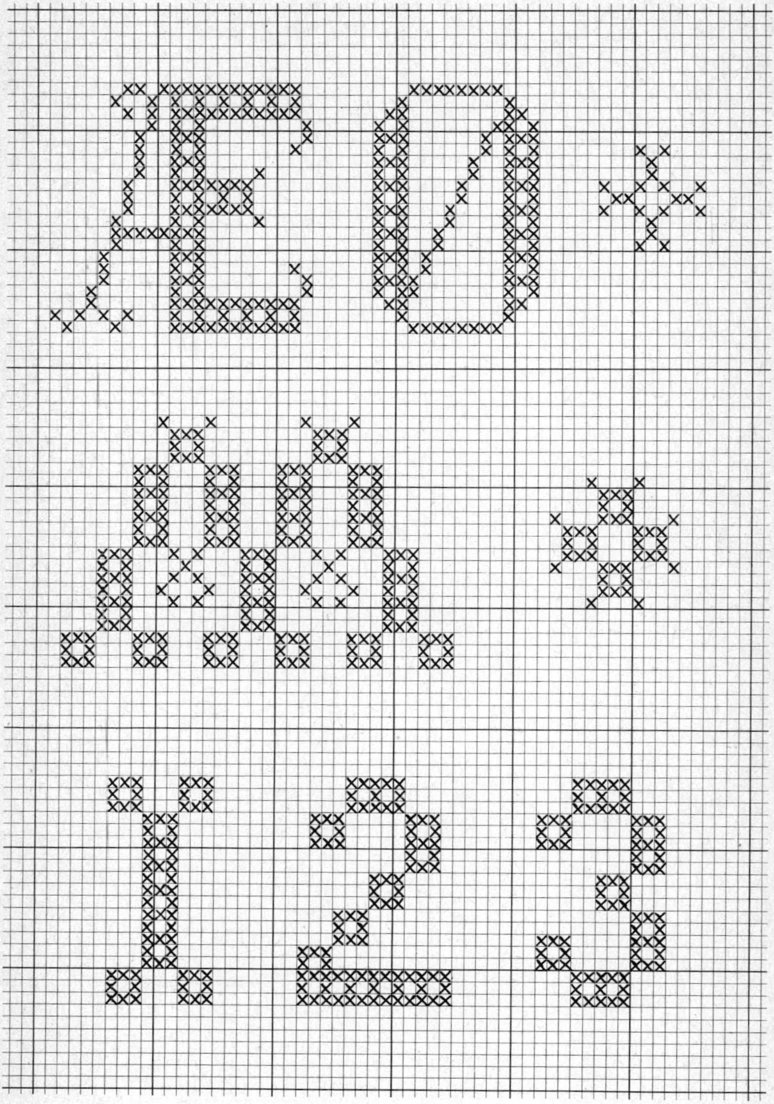

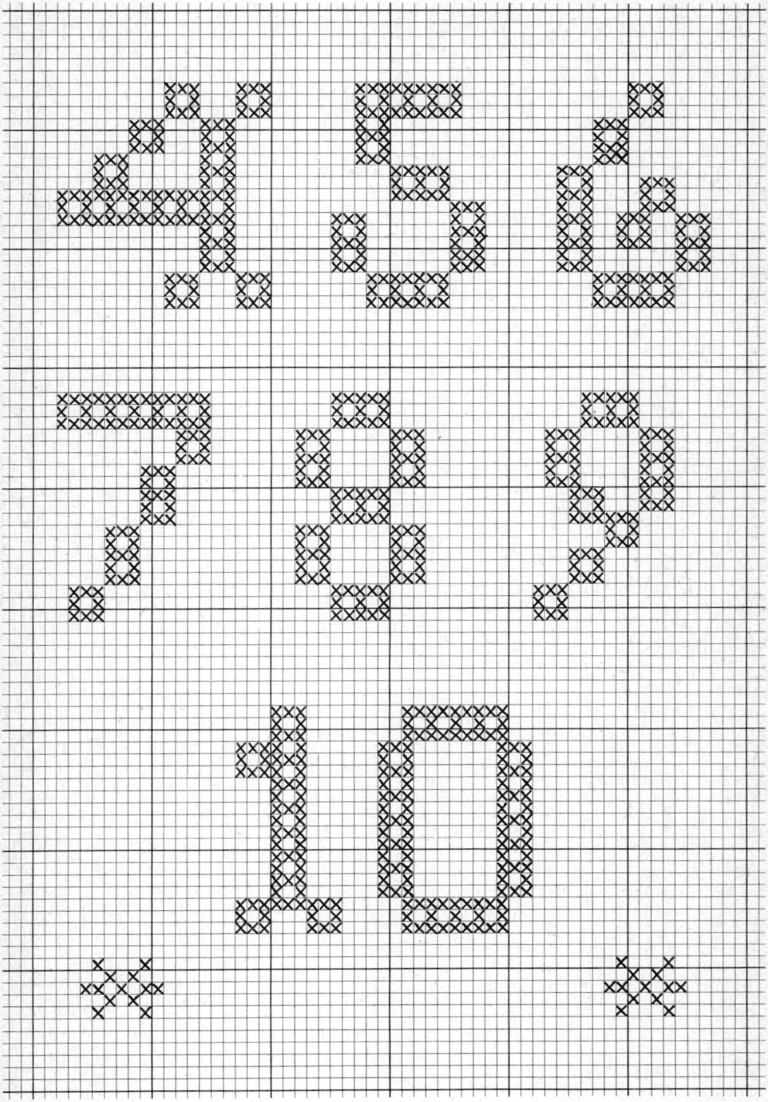

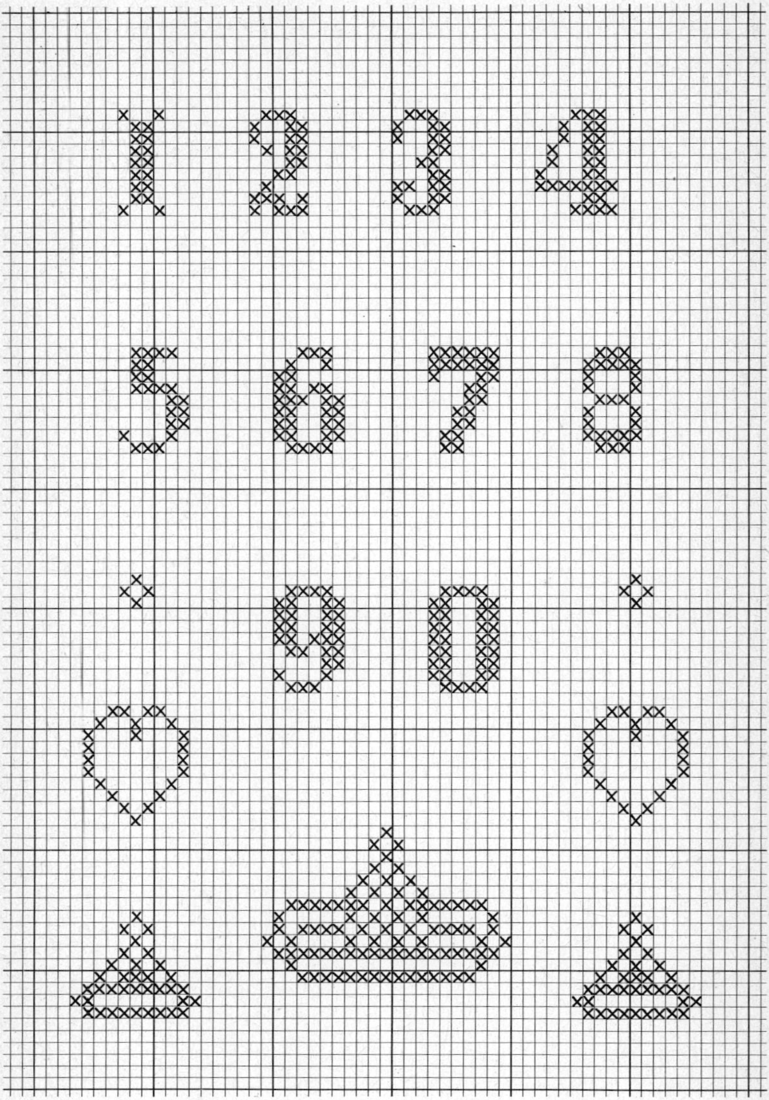

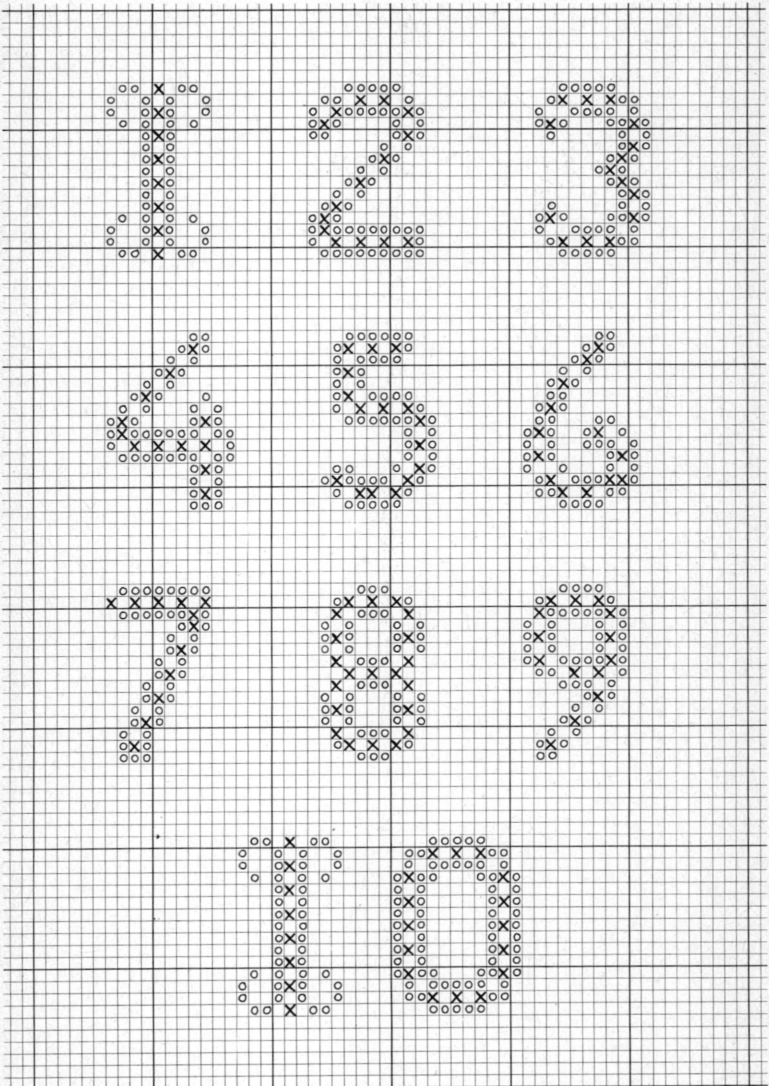

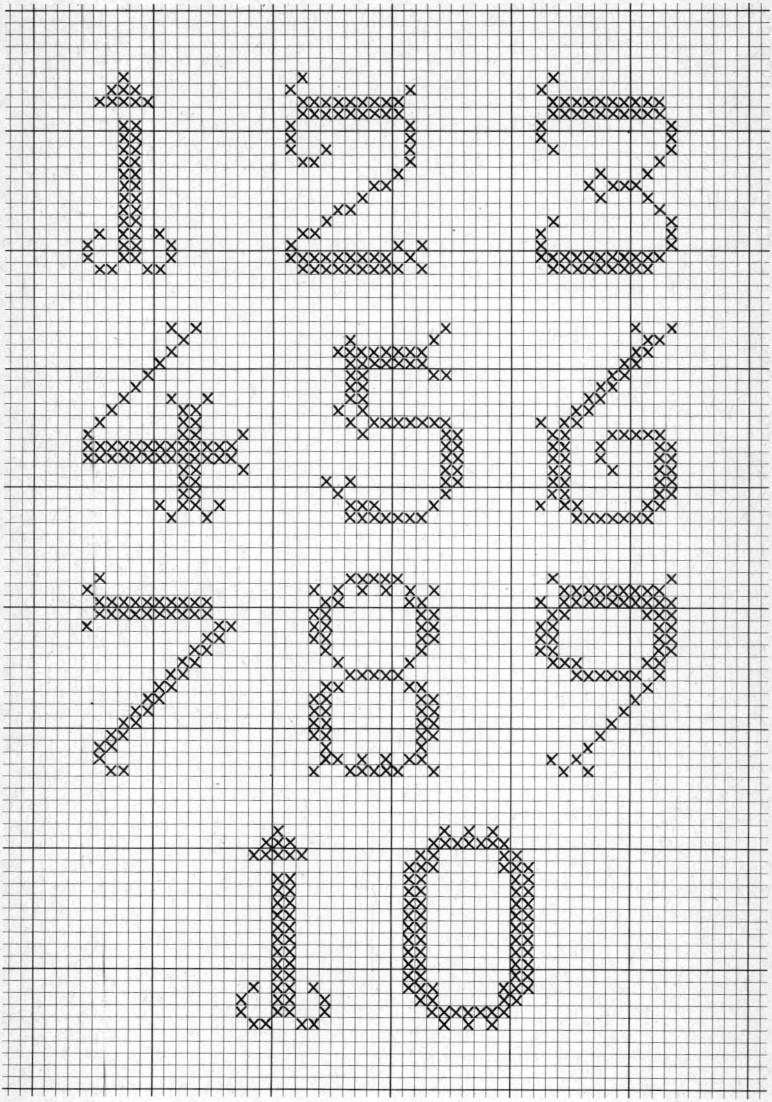

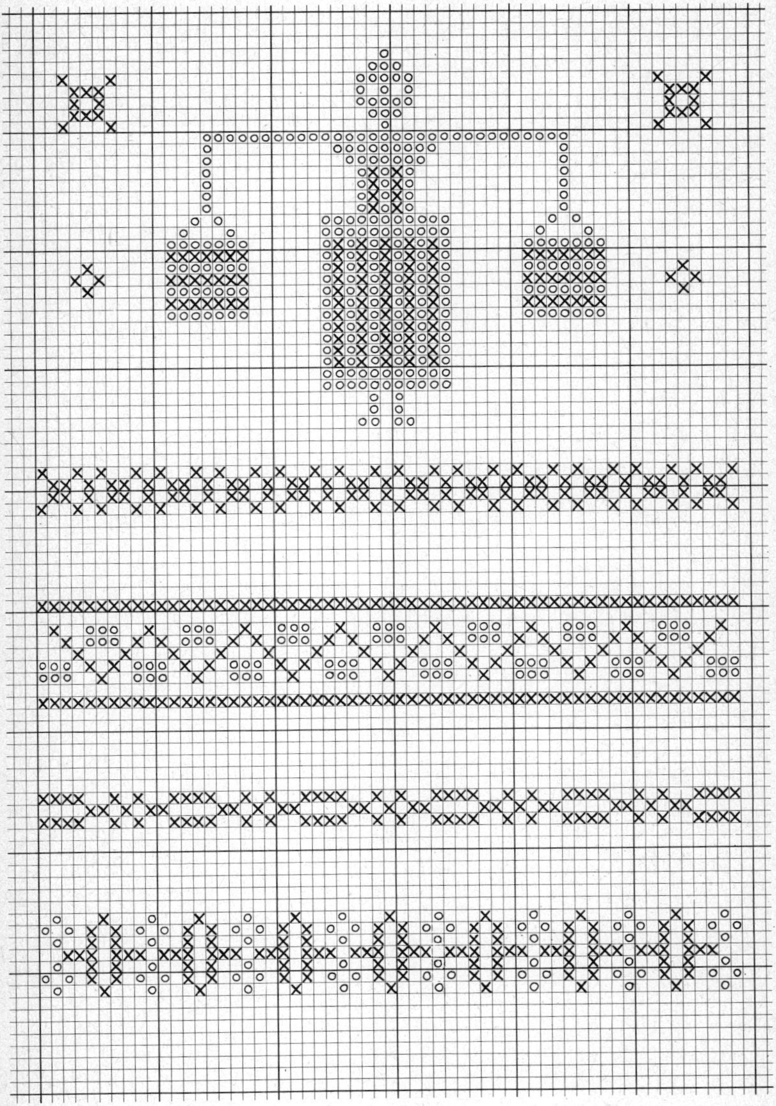

Hinweise zu den in diesem Buch verwendeten Stichen

Auf dieser und den nächsten Seiten werden Stickanweisungen für die Stiche gegeben, die bei den Mustern dieses Buches anzuwenden sind. Es handelt sich um den unregelmäßigen Kreuzstich, den senkrechten und waagerechten Kreuzstich sowie um den schrägen und geraden Steppstich.

Der unregelmäßige Kreuzstich

Der unregelmäßige Kreuzstich wird bei den alten Stickereien von Amager benutzt, aber alle Muster können genauso gut im normalen Kreuzstich gestickt werden. Der unregelmäßige Kreuzstich wird in waagerechten Reihen gestickt. Die erste Reihe wird von links nach rechts, die zweite von rechts nach links gearbeitet. Man dreht die Stickerei nicht um, wenn die Reihe gewechselt wird.

A

A. zeigt den Anfang, einen gewöhnlichen Kreuzstich.

B

B. veranschaulicht den weiteren Verlauf.

C

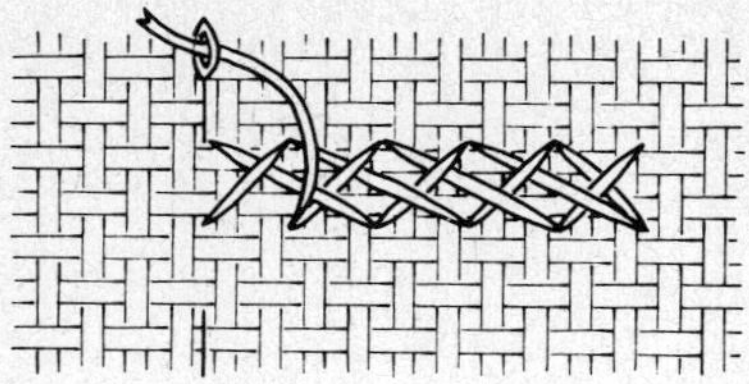

C. gibt den Übergang zu einer anderen Reihe wieder.

D

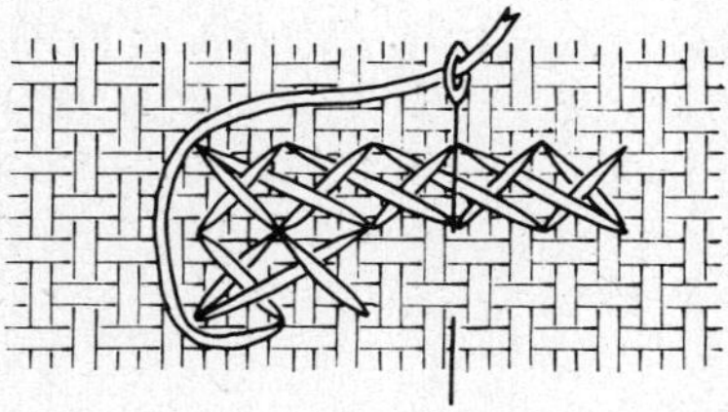

D. zeigt den weiteren Verlauf der zweiten Reihe.

E

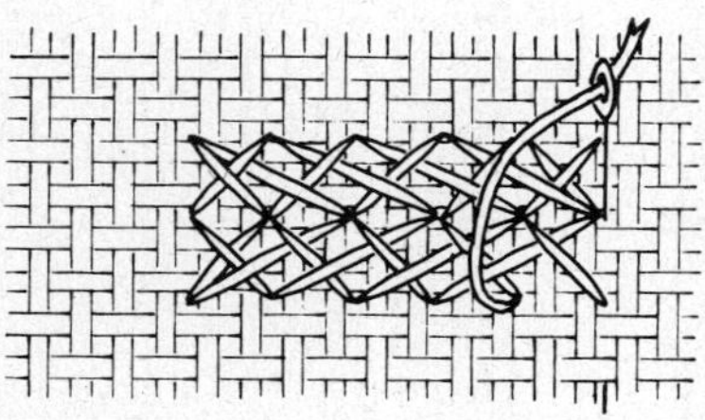

E. deutet den Übergang zur dritten Reihe an.

Steht ein einzelner Stich, so sticken Sie einen normalen Kreuzstich.

A

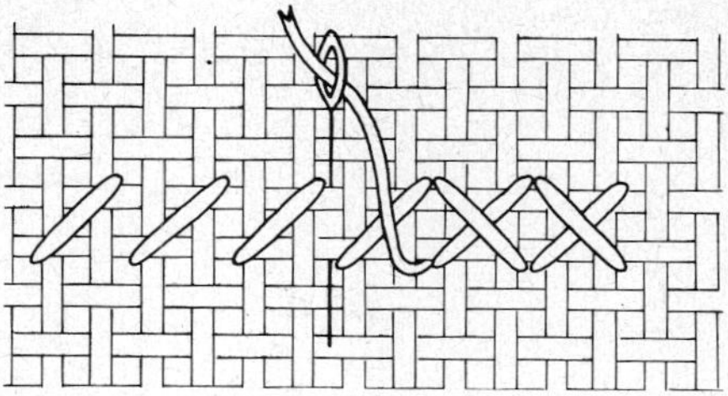

Der Kreuzstich

A. Der Kreuzstich wird von links nach rechts gestickt. Alle Grundstiche werden zuerst gestickt. Jeder Grundstich wird schräg über zwei Fäden von der linken unteren Ecke zur oberen rechten Ecke geführt. Die Deckstiche folgen dann auf dem Rückweg und der Kreuzstich ist fertig.

B

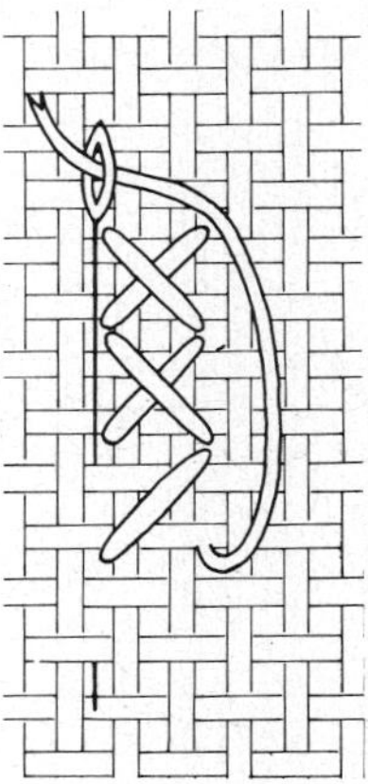

B. Der Kreuzstich von oben nach unten gestickt. Jeder Stich wird sofort fertiggemacht, so daß der Deckstich in der gleichen Richtung liegt wie auf der Zeichnung A. Die Rückseite von A und B muß ausschließlich senkrechte Stiche zeigen.

C

C. Diagonaler Kreuzstich

D

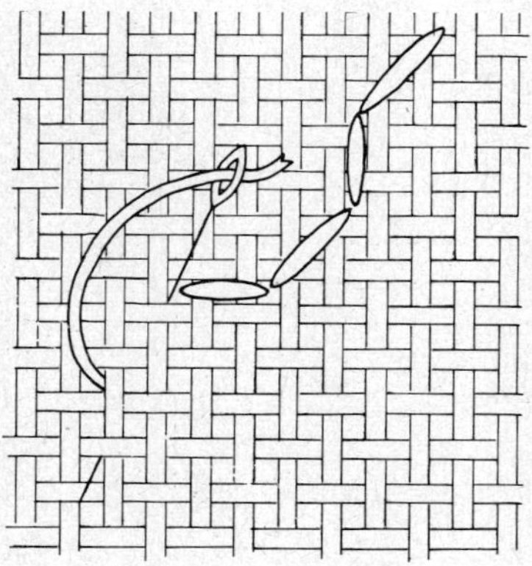

Der Steppstich

D. Der Steppstich schräg und gerade über zwei Fäden gestickt.

Auf Leinen mit der Fadendichte von 12 Fäden pro cm verwendet man einen Faden des Dansk Blomstergarn.
Auf Leinen mit einer Fadendichte von 7 Fäden pro cm verwendet man zwei Fäden des Dansk Blomstergarn.

Die Farben für die in diesem Buch gezeigten Stick-Ornamente*

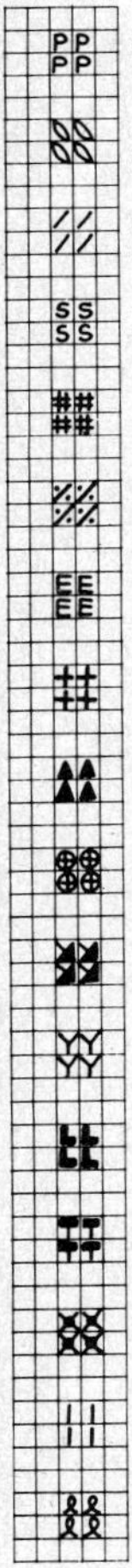

302 welkgrün
224 grünspan
223 hellgrün
40 frisches hellgrün
101 kräftiges hellgrün
10 blasses hellgrün
8 dunkles grünspan
226 helltürkis
9 matt-dunkelgrün
211 dunkel-blaugrün
210 tief-dunkelgrün
26 gelbgrün
34 dunkel-gelbgrün
212 oliv-grün
206 dunkel-oliv-grün
225 helles gelbgrün
218 graugelb

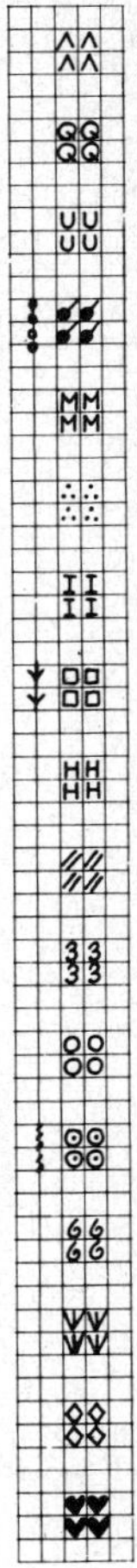

47 grünlich-gelb
48 gelb
203 hell-golden
54 dunkel-orange
6 dunkel-golden
25 hautfarben
2 helles blaurot
12 helles backsteinrot
96 frisches backsteinrot
13 backsteinrot
15 graurot
3 dunkles rosa
86 frisches rot
205 dunkles blaurot
14 dunkles backsteinrot
27 hell-lila
23 lavendelblau

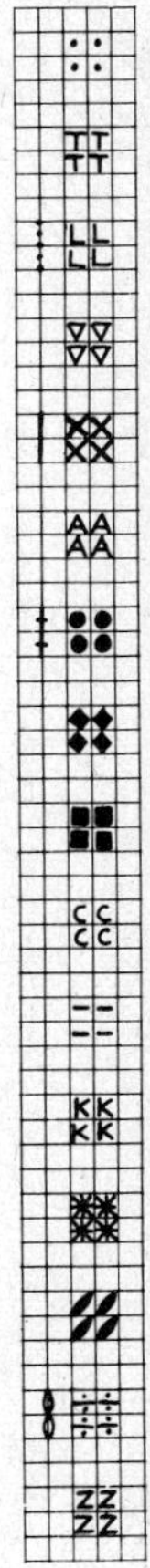

229 mattes hellblau
21 hellblau
22 helles kornblumenblau
227 blau
228 mattes blau
17 kornblumenblau
220 mattes dunkelblau
201 dunkelblau
240 schwarz
303 helles grau
7 sandfarben
222 beige
215 erdbraun
216 tiefes dunkelbraun
213 mittelbraun
214 braunrot

*) Die Farbnummern sind identisch mit der Numerierung des „Dansk Blomstergarn," das von Handarbejdets Fremme, Kopenhagen, vertrieben wird.

Kreuzstiche
Muster und Vorlagen aus Dänemark
von Gertie Wandel

Nachdem die Autorin Gertie Wandel in vorliegendem Band die klassischen Motive zum Nachsticken vorgestellt hat, zeigt sie uns nun zeitgenössische Kreuzstickereien.
Die Muster wurden von bekannten dänischen Künstlern entworfen und können als Dekor für viele Handarbeiten verwendet werden, sollen aber auch die eigene künstlerische Entfaltung anregen.

Kreuzstichbilder
von Gerda Bengtsson

In diesem Buch sind 26 Zählmuster und farbig wiedergegebene Kräuter und Wildpflanzen zum Nachsticken zu finden. Gerda Bengtsson ist neben Clara Waever die bedeutendste skandinavische Stick-Künstlerin. Beeindruckend an ihren Entwürfen ist die Übersetzung des Vorbilds aus der Natur in grazile Ornamente, ist die harmonische, niemals laute Farbigkeit.

TAUFE
ANJA
1967